謝鑄陳回憶錄

謝鑄陳　原著
蔡登山　主編

導讀：謝鑄陳和他的回憶錄

蔡登山

謝鑄陳（一八八三－一九六〇），即謝健，字鑄陳，晚年又字竹岑。祖籍四川榮昌，卻生於貴州貴陽。清光緒九年（一八八三），出生於一個家道殷實的中產之家。他幼讀私塾，攻八股文。光緒末年，廢除科舉，興辦學堂，他曾負笈成都讀書。光緒三十年（一九〇四）負笈日本，主攻法政，凡六年。當時戴季陶亦在東京留學，二人以同鄉關係，友誼頗篤，戴季陶小謝鑄陳七歲，對謝鑄陳以兄長事之。

謝鑄陳於宣統元年（一九〇九）留學歸國，任法政教員、司法官等職。北洋政府時期，謝鑄陳先後任司法官、律師、縣知事等職。入民國後，歷任推事、檢察官、庭長、縣長等職。後來又在國民政府文官處、司法行政部和考試院任職。一九三八年被選為參政員，但不久即重操律師業務，一九四九年隨政府播遷來台，時已自公職退休，以夫人在台南法院服務，故寓居台南。一九六〇年二月九日，他在台南寓所病逝，享年七十八歲。謝夫人任台南法院推事，由司法界同仁組織治喪會，在湛然精舍開弔。

《謝鑄陳回憶錄》是他晚年最後時光（一九五九年三月）才開始寫作，費時半年，「其間因病發不能握管，口授吾鄉封思毅君筆述者，時亦有之。最後則煩我老友陳天錫（伯稼）兄以整理校訂之事。」全文字數約九萬字。該回憶錄的重大意義，是它是極少見的法律人本身的回憶錄。書中不僅敘述了一位法律人的生命史和心路歷程，而且為在中國建構法治社會為何如此步履維艱，提供了一種可能的解釋。雖然作者自己說寫回憶錄的目的是為後人留下史料，「籍以充稗官野史之資料，供世人茶餘酒後之談助」。但年輕時期的謝鑄陳，身處清末民初大變革的歷史時代，和同時代的許多年輕人一樣，他認為可以通過學習西方（包括日本）來達到「富國強兵」的目的，而法律知識無疑是達此目的之重要工具。他還深信，研習法律，可以維護社會秩序和伸張正義，他曾說：「我旦夕所磨礪以須者，亦有『正義之劍』，問誰有不平之事，此劍非他，法律是也」。可以說，此時的謝鑄陳認為法律知識不僅可以提供他一生的謀生職業，而且是值得信仰的「正義之劍」。

然而，時局的動盪，社會的失序，深刻影響了他的法律職業。綜觀他的一生，職業角色何其之多，或為法政教員，或為司法官（推事、檢察官），或為律師，或為行政官（縣知事、國府秘書、考試院官員、司法行政部次長），或為參政員，等等。職業轉換也甚為頻繁，有的一種職業角色還有數度進出，如為司法官，就有三度出入（一九一〇—一九一一年在武漢、一九一二—一九一三年在上海、一九一四—一九一五年在湖北襄陽）。法律人職業的多變與反復，反映了近代中國社會的動亂，未能為法律人提供較為穩定的從業環境，同時也反映了許多司法職業，如司法官職業，對法律人群體來說，沒有多大的吸引力，反而是律師職業成為很多法律人的歸宿。但最後律師職業也僅是一種謀生手段——謀「一口飯」而已，他說：「歷年我為律務出庭，常僕僕於台北、台南、新竹、台中、嘉義、高雄、屏東道途，晝夜不分，風雨無阻，意義何在，一言以蔽，雞鶩爭食而已。」不能不說對他的理想有些幻滅和幾許的落寞！

當年宋教仁被暗殺案發生後，謝鑄陳根據法理，詳加剖析，最後使承辦此案的司法人員，益堅其信念，依其主張，而有遠寄傳票傳訊趙秉鈞之舉。謝鑄陳說：「這在古代同外國，並不算一回事，但在那個時候，不能說不是大膽的作法，各方面的威嚇恫喝，可想而知。且其時，袁世凱聲勢煊赫，爪牙密佈，黃金於前，白刃於後，手段毒辣，人所共知。可是黃廳長從中主持，陳、黃兩人一切不顧，以後究竟一干被告如武士英、應桂馨、洪述祖都明正典刑，趙秉鈞、袁世凱身被天誅，總算無漏網，想來宋先生也可以瞑目了。」這充分表達他以法律為其「正義之劍」，而無所畏懼的理念。

除此而外，回憶錄的內容相當豐富，可視為一部值得細讀的史乘掌故。例如「愛國學社」的成立，《蘇報》案的發生，皆為作者親歷、親見之事，許多細節為史書所無的。又因作者早年涉足法界，從清末民初以來許多律師、法官軼聞，及相關法制組織演進，在書中均有提到。例如清末湖北開辦法院和設立法官養成所、民初上海律師人際交往情形等等，讀來讓人津津有味。像是昔日上海律師，幾乎無不自稱為「大律師」（英文Barrister），但不知何故？根據作者的說明：乃援引英國律師制度分有大、小之別，非經過一定的階段是不能稱「大律師」

的，但對中國律師而言，沒有人願意以「小」自居，於是滿街的招牌懸掛的都是「某某大律師」。因此後來上海律師公會，不准於律師上，加任何標榜文字，甚麼博士，甚麼前任某某官職，某某教授等等，都在禁用之列。

另外作者花費許多篇幅來描述戴季陶（一八九一—一九四九）關於公、私生活的一面。謝鑄陳提起同在日本留學的戴季陶說：「他那時大名用戴良弼，號就是季陶（傳賢是他的派名，回國後才改用的。天仇是他在《天鐸報》的筆名，在日本寫文的筆名叫散紅生），他比其他同學都年輕，我們都叫他小戴。」換言之，要瞭解戴季陶個人生平事蹟，本回憶錄也不能忽略。例如，戴氏在清季旅日期間，曾經與朝鮮李姓公主訂婚，謝鑄陳說：「訂婚之日，我當然參加歡宴。席間。季公唱日本歌，我唱川劇（生平得意戲為《叫花子排朝》）李皇叔朗誦《論語》一段助興，其餘猜拳行令，眾皆大醉。」然因事涉政治敏感，而不到三日，交往遂絕，外間鮮知。此可說是戴季陶早年的一段秘辛，從未有人提及過。

《謝鑄陳回憶錄》一九六一年由其夫人楊樹梅法官以個人名義出版，可算是自印本。直到一九七三年沈雲龍才將其收入所編的《近代中國史料叢刊》大套叢書中（台北文海出版社），但仍依原來之自印本影印，並沒有重新整理過。而由於當時是自印本，並沒有版型編排之設計，甚至章節、小標題之訂定，也有些不符體例。類似業務報告式的標題，現今看來有所格格不入，加之某些小標題太過於瑣碎，影響到讀者對於正文的閱讀。因此我們此次重新打字、校對編排，尤其是篇中有數段以日記體記之者，我們改用日記的排法，免得如自印本全部排成一大段，難以卒讀。至於小標題也重新擬過，精練扼要，不同於原先之冗長而瑣碎。正文中之引文，另以不同字體排出。太長的段落，再分成數段。原先過於簡陋的標點，現今視之，已不能達意，因此重新點校。其所以如此，在於筆者認為此書有其史料價值，唯有重新編排才能吸引更多讀者去閱讀，若如自印本之編排法，會令讀者望而索然，雖其中有多大價值，亦無法得以彰顯。這也是此次「重編本」出版之用意也。至於自印本原有附錄〈竹岑隨記〉、〈大哀詩殘稿〉、〈世界書局印行「足本花月痕」校補〉，另有〈朱虹父先生及其遺作〉、〈香溪詩〉、〈楊子鴻遺詩三種〉。除〈竹岑隨記〉是謝鑄陳晚年札記，擇其重要者予以收錄外，其餘幾種附錄與本回憶錄並無關係，避免冗雜，遂予割捨，以省篇幅。

原書序

黃季陸

榮昌謝鑄陳先生（健），與余同為蜀人，而實誕生於筑，齒長於余者十有餘歲。余雖久耳其名，而生平蹤跡甚疏，來台後彼此居隔南北，亦甚少晤敘。本年二月，先生捐館台南，越五月，其夫人楊樹梅推事，以陳伯稼先生（天錫）校訂先生《回憶錄》，都九萬餘言，來問序於余。余受而讀之，始知先生才識過人，能發揮其蘊蓄以應世，固無所不能，無所不通，殆孔子所謂君子不器者也。蓋其尊人友鴿軍門，幼年遭際甚奇，清同光時，在湘軍中以勇將名，深嫻韜略，兼通書史，受知於張文襄公。先生幼隨戎幕，薰陶有素，又得名師教以經史詩文之學，於文事武備，早已具有根柢，其後留學日本六年，最後所習為法政，故其以法學表現者，如回國後應試得第及執教，歷任各級法官及執行律師職務，前後二十餘年，其間不少喧傳人口之事。

而尤使人敬佩者，如民初上海發生震動一時之宋教仁暗殺案，先生時任律師，既拒絕三萬元重酬，不肯為兇手武士英及賄買人應桂馨、洪述祖等作辯護，而彼時所稱法界三君子者，已得有人證物證，而對於唆使人趙秉鈞之處理，猶覺有所疑慮，經先生根據法理，詳加剖析，卒使三君子者，益堅其信念，依其主張，而有遠寄傳票傳訊趙秉鈞之舉。其見解之超卓，持論之正確，遠非尋常所能及。此其一。

其以武事表現者，如髫齡隨父在鄂，能與文襄幕府諸公，大談明燕王兵略，驚其四座。年甫及冠，即以宰官頭銜，繼先人任接統襄河水師。後在秭歸縣知事任內，拒巴東變兵假道，率隊登城固守，一面電省請援，一面虛張疑兵，相持六晝夜，變兵終不得逞以退。又在第一次黃陂縣知事任內，偵得縣屬木蘭山土匪撲城密訊，預為部署，一面告急請兵，一面臨陣抵禦，斃匪甚多，得免閭閻受害。斯皆淵源有自，而又合於古人臨事而懼好謀而成之旨。此其二。

其以文學表現者，如蒞任黃陂伊始，自撰觀風文告。及受戴季陶先生之託，代擬國民政府整理川政令文，及所撰《季陶先生文存》序文、編年傳記跋後，皆情詞並茂，駢散兼優。其他零星小品文字及詩聯等，亦皆超塵拔俗，求之於道喪文敝之今日，誠屬鳳毛麟角。此其三。

其以佛學表現者，先生本具夙根，復受佛門諸友濡染，年及強仕，皈依佛教，師事太虛法師之誠，幾如七十二子之心悅誠服。太虛之於佛學，具有異稟，而非常人所能仰企，其學不專一宗。故先生精研內典外，亦兼習密宗，先學東密，後學藏密，學法種類，多達數十種，日有定課，至於行役亦未嘗間斷。關於弘法方面，如在第二次黃陂任內，邀請太虛到縣宣講佛法，皈依者官紳男女數百人。又邀請張宗載、寧達蘊二居士，宣講青年佛化，創辦佛化小學，復於縣城內，成立唸佛堂七八處，各鄉鎮成立唸佛堂十餘處。又如為保教、保產起見，民國十七八年間，先後成立之中國佛學會、中國佛教會及其後會務之進行，皆躬親其事。計從民國十年學佛以來，修持弘法，達四十年，其佛學造詣之深，雖未有專著，然觀其於元配鄧夫人之卒，所自撰大哀集序文，及答邰爽秋教授倡導廟產興學之議所附八偈，嘗鼎一臠，亦可知味矣。此其四。

綜上所述，皆其壯盛之年，未甚顯達之日，就其懷抱之富，觸類旁通，隨時肆應其特殊之境遇者而言。迨乎擢任國民政府中祕，兼任考選機關職務，並迭膺文衡之選，以及晉貳法部，又進而還鄉主持川省縣長考試，並巡視川滇黔三省司法，在先生似可略展其經綸，惜抗戰後，僅兩任參政員，便轉而仍執律務，晚年境更蹉跎，貧病交逼，致有「身世茫茫老病貧」之咏歎，而侘傺以終，是豈其不幸歟。

然其出身於清末考試，對季陶先生試政、試務之措施，尤拳拳服膺，如追記季陶先生主持第一屆高考一事，詳敘放榜後發現落卷中計分錯誤，痛自刻責，除一面召集典試委員會商議補救外，一面呈報國府，自請嚴正處分，並在議席上力爭，主考官由罰俸一月，加重至三月，主管試務之祕書長，罰俸一月，其計算錯誤之科長科員，分別記過有差。此種過失，非舞文弄法可比，倘在科舉時代，當不至譴及主司，而季陶先生勇於負責如此，豈非所謂古之君子其責己也重以周，不特負考試之責者，應取以為法，即一般居人上者及處世交友之道，亦當如是。然則先生詳述此事，其亦意在斯乎。

又如記載第三屆高考典試委員長鈕惕生先生，因典試委員命題，誤寫地役權之「役」字為「域」字，自請處分，季陶先生非不知典試委員長對此錯誤，不應負責，只以為確立考試信用計，竟予據情轉呈，並自請一併議處，結果惕生先生亦罰俸一月。此二事者，余認為值得大書特書。他如所記任考選委員會專門委員時之組織工作人選情形，及第二屆、第三屆高考，其試區或分在南京、北平，或分在南京、北平、廣州、西安，及分設第一、第二典試委員會等等，皆足為以往經過及因時制宜之重要參考。

余承乏掌理考選、在先生任職二十餘年之後，何幸而獲此槧篗，三復斯編，不勝興奮。至於行文前後詳略得體，其述典章文物，可作史乘掌故觀，其述瑣屑細故，可作稗官說部觀，確信實為不朽之作，爰泚筆而為之序。

時民國四十九年十月　敘永黃季陸

自序

我生平喜讀小說，古來有名說部，大都讀遍。他如名人筆記、遊記、傳記、回憶錄等類之饒有小說興味者，亦每好涉獵，兼及於外國此類作品之佳譯，知之則不厭搜求，得之復每忘寢饋。夫生有涯而知無涯，以有涯之生，求無涯之知，我則豈敢，姑從其所好，自適其適而已。民國三十八年，避地台南，假閱《佛蘭克林自傳》，不無感觸，頗擬於是年賤辰，開始仿寫。顧計雖如此，荏苒十年，空拋歲月。念及老病侵尋，歲不我與，加以兒輩迭請命筆，其意更含有不忍言之隱。因思著書立說，我無此學識，仿寫自傳，亦須有相當修養及一定規範，我亦有所不能。況過去既已蹉跎，此時更無此勇氣。無已，若只是將我遊戲人間，所經歷、所聞見者，想到寫到，隨意所之，無任何拘束，藉以充稗官野史之資料，供世人茶餘酒後之談助，自覺為力稍省，其事較易。

且我既以小說為嗜好，今亦以此貢獻於同嗜好者，雖能獲讀者滿足與否，不可知，要之在我，亦庶幾有合於我佛報恩之旨乎。是用不揣固陋，勉強鼓起興致，自四十八年三月始，費半年時日，寫成此作，定名為《謝鑄陳回憶錄》。其間因病發不能握管，口授吾鄉封思毅君筆述者，時亦有之。最後則煩我老友陳天錫（伯稼）兄以整理校訂之事，然後問世。讀者諸君，祈不吝教，幸甚。

編輯體例

一、本編分七章、首章記謝鑄陳出生前家世，第二章以下，按謝鑄陳年歲立章，章下更立目或分目記敘其所經歷事項，期並可作年譜觀。

二、民國以前紀年用干支、附以朝代年號，間紀公元。民國以後，概以陽曆為準、間附公元或干支。

三、人名首見時，以並記其字為準。重見時悉稱字（第五章一目所錄國民政府任官第二則命令係例外）。僅知其名或僅知其字者，從其所知。

四、每目或分目各立標題，籠罩全目，期易引起讀者注意。

五、每目有專記一事者，有聯記數事者，有彙記同一性質之事者，有以每一年事項分目記載者，均視行文利便定之，而以後二者之情形為最少。

六、本書拙作之竹岑（係晚年別字）隨記節錄於後。

目次

導讀：謝鑄陳和他的回憶錄／蔡登山 3
原書序／黃季陸 9
自序 14
編輯體例 16
第一章 家世背景 23
第二章 我生之初至十五歲（光緒九年至二十三年） 28
家庭景況 28
父親赴粵任職 29

父親受知張之洞 31
全眷由筑遷鄂 32
九歲開筆作詩 37
進博文福音學院 40
第三章 十六歲至二十九歲（光緒二十四年至宣統三年） 42
與鄧至游女士訂婚 42
捐納知縣職銜 43
父親統辦沿江緝匪事宜 44
赴滬進愛國學社 46
赴日留學 53
回鄂任教 62
創辦湖北私立法政學堂 64
任職漢口武昌地檢廳 68
湖北法官養成所 77

第四章　由二十九歲至四十六歲（宣統三年武昌起義後至民國十七年秋）　79
任職司法署地審廳　79
律師制度肇始　80
在江浙高審廳　82
宋案發生與法界三君子　87
蘇滬法界大風潮　93
回鄂任襄陽高審分廳　97
任秭歸縣知事　99
調任黃陂縣知事　101
喪偶續絃與皈依佛法　107
再營律務　115
積極作弘法活動　117
第五章　由四十六歲至六十三歲（民國十七年冬至三十四年）　119
任戴季陶私人祕書　119
國府組織情況　123
經營覺林素食店　126

參加考選委員會 127
參加國民會議選舉總事務所 129
第一屆高考典試工作 130
隨國府遷洛陽 140
兼職政務官懲戒委員會 143
參加二十二年兩種考試工作 144
參加中央行政法規整理委員會 147
辦理故宮博物院鉅竊案 150
參加二十四年兩種高考典試工作 152
主持四川縣長考試與視察三省司法 154
司法行政部易長 177
十年間在佛教的弘法與修持 182
兩任參政員 189
重理律務 192
第六章 六十四歲至七十八歲（民國三十五年至四十八年十月） 201
勝利第一年 201

勝利第二年 202
勝利第三年 209
遷台後盱衡時局 214
十年來律業情況 215
出版《法言》半月刊 217
死友生友的交期 219
弘法利生工作與修持 229
晚年家庭概況 231

第七章　結語 234

附錄一　竹岑隨記（節錄）／榮昌謝健 236

原書校後記／李飛鵬 263

第一章　家世背景

四川榮昌縣邑東北，約二十里，有仙桃嶺，嶺間峰高鎮，即為我故里所在。老屋在附近紅岩坪，祖塋名桂花大墳，因墓側種有桂樹數株，枝葉繁茂，老幹參天，故遠近知名。我生在他鄉，不知本土，記得幼時，先考諱鴻章字友鵠，府君唯恐後輩忘本，特意將有關故鄉六、七個地名，連綴成一首兒歌，由先母教我歌唱，其詞曰：「四川省，榮昌縣，仙桃嶺，峰高鎮，紅岩坪，奇龍穴，老屋基。」我童而習之，其情其景，至今猶不能忘。

在此蜀山之鄉，我家前代，累世生聚、耕讀其間，經歷若干年歲，已不可考。因值先君之世，故鄉飽受匪患，家人離散，譜牒蕩然，僅據亂後傳聞，祖父一代，家中並非富裕，所恃為生者，少數田畝，耕植自給而已，降及先君，由於早年際遇之奇，家道遂為丕變。

先是己未年（咸豐九年）四月（即公元一八五九年五月），藍大順（即藍朝貴，亦作朝柱或朝桂）、李永和（即李矩搭，渾號李短辮子）等人，在雲南昭通地方倡亂，發展極為迅速。到了十月，藍、李兩匪北竄入川，攻陷川南筠連、慶符兩縣，進而圍攻敘州府。藍大順後又轉向富順，故里的遭受侵擾和家族的流離亡失，大約便在其時。至庚申年（咸豐十年），藍、李二匪率眾先後攻佔名山、眉州、邛州、青神、天全州，再又進攻過峨眉、崇慶、丹稜、彭縣，什邡等縣。辛酉年（咸豐十一年），續攻資中、潼川府、綿州、江油、平武、丹稜、定遠、彭縣、廣安，並一度攻陷丹稜。

時逢駱文忠公督川，鑑於匪勢披猖，急由湘調果毅軍入川清剿，該軍由劉鶴齡老軍門統率，素稱湘軍勁旅，故一經與匪接觸，無攻不克。十一月下丹稜，陣斬悍目藍朝鼎，俘獲頗多。果毅軍亦次丹稜城近郊，休息整補。

當時官軍對待匪俘，大多就地正法，視為故常。某日劉老軍門偶因理髮，同坐大營轅門外，適部下押大隊匪俘經過，解赴刑場處決。無意間，見匪俘中，雜有一年約十一、二歲少年，容貌氣宇，迥異於眾、顯非不良之輩。乃命將此一少年單獨留下，待理髮畢，帶回大營，詳詢身世及被匪脅劫經過，愛其聰慧，遂置左右，更命幕賓教之識字讀書。稍長，又准其隨營見習，出征。此即先君早年絕處逢生，轉禍為福之經過大略，距我誕生前二十三年事也。其後，先君深感劉老軍門再生之德，劉老軍門亦器重先君年少奮發有為，彼此遂以義父子相待，終其生，兩姓眷屬親密相處，儼如一家。

丹稜之役後，壬戌年（同治元年）藍大順走川東，意在接應太平軍翼王石達開部入川。後轉而北向，流竄於陝、豫、鄂之間。甲子年（同治三年，公元一八六四年），始被消滅於盩厔、安康一帶。另李永和一股，則被湘軍包圍於犍為龍江場，終告肅清。

先君在果毅軍漸久，積功升任左軍分統（約等於今之旅長）。雖身居軍職，武事之餘，酷好典籍，隸書亦所擅長，《史記》一書，曾手抄三遍（此項手澤，我幼年屢見之，後不幸輾轉散佚，思之可惜），平日交往，亦多文士，輕裘緩帶，寖寖然有古儒將之風。嗣以「援黔之役」，復隨果毅軍轉戰川黔間，勇略才華，為同袍所推重。

所謂「援黔之役」肇因於乙卯年（咸豐五年，公元一八五五年）苗民動亂，以張臭迷為首，姜映芳、黑大漢等應之，騷擾於貴州東部台拱、黃平、鎮遠一帶。巡撫蔣霨遠請調川滇之兵助戰，仍無大功。至癸亥年（同治二年，公元一八六三年）「自松坎至遵義，袤延四、五百里，幾於偏地皆賊」（見巡撫張亮基奏摺）。自太平天國平定，朝旨命四川、湖南分道遣兵增援。四川由駱文忠、崇實兩人，主持援黔軍務，共遣安定軍唐絅（鄂生），果毅軍劉老軍門，統率兩軍往援。

果毅軍勇敢善戰，苗人屢受挫敗，每見旗號，莫敢輕攖其鋒。因此常與安定軍換穿號褂，誘敵施擊。相形之下，兩軍日漸不睦，時有摩擦事件發生。加以貴州人士之冷遇，川軍一路，援黔竟未終局，後遂專由湘軍負責進剿。

先君在果毅軍所經各次戰役，夙有極卓越之表現。其最為人所稱道者，某次與敵爭奪一山頭，屢攻不下，情勢危殆。最後軍中決組編選鋒隊一百五十人衝殺。先君自請擔任此選鋒隊之一，奮勇先登，敵陣大潰。此役全勝之餘，僚友某有祝捷詩，贈先君，首句云：「××山頭挑賊壘，百五人中最少年。」蓋紀實也。而先君亦以此戰功故，得保記名提督。（官文書應為著以提督交軍機處記名簡放）。

其後，湘軍援黔平苗，步步為營，軍行甚緩。到壬申（同治十一年，公元一八七二年）陷聚牙坡，擒苗首要，其餘斬殺殆盡，苗亂始平。戰禍首尾十八年，終由貴州提督周達武報全境肅清。時果毅軍已宣告解散，善後事宜，為劉老軍門散百萬餉銀，遣歸部曲，自身亦解甲回湖南溆浦故里，息影林泉，先君則以「大銜借補小缺」，出任貴陽城守營游擊（三品，約等於今之上校軍階）。

第二章　我生之初至十五歲（光緒九年至二十三年）

家庭景況

我生於癸未年（光緒九年，公元一八八三年）六月三十日，其時先君任貴陽城守營游擊，家住貴陽學宮街。

我家歷代單傳，先君前後娶有母氏三位。嫡母敖太夫人，原籍四川隆昌，其家十八代書香，外祖父官至翰林，故知書達禮，女紅尤精，惟體弱多病，無出。庶母郭太夫人生先兄俊甫，長我十歲。本身生母朱太夫人生我時，先君已近不惑之年。以是全家對我，鍾愛異常。敖太夫人更視如己子，躬親撫育。

當時家中童稚，除我兄弟二人，尚有堂姪女謝詠、謝昭兩姊妹。後另有一王姓女，與我同年，略長我數月，其父名王子俊，與先君為同袍戰友，不幸戰歿，又適遭母喪，孤苦無所歸，遂由我家收養，我以姐姐相呼，此亦為我青梅竹馬時期，最親密小友之一（後歸俊甫，按大排行，成為我之八嫂）。先君最重道義，對袍澤能肝膽相照，生死不忘。除收養王氏遺孤一事可見外，每屆中元，凡屬當年死難同袍，如王子俊、蕭飛熊、楊隆盛……均為之化袱設祭。有所謂遇緣堂上蒲老太爺者，大約為先君業師之一（僅於化袱名冊中，知有此人，名字生平，均無所悉），禮遇亦然。我輩遵守遺規，相沿至今未替。

父親赴粵任職

先君居官貴陽初期，貴州巡撫曾中丞，川人，上下相處和洽，後曾離任。繼任李某，愚闇自用，在筑川籍官吏，逐漸星散。時逢癸未年，中法戰爭持續之際，先君遂乘此機會，請調前敵効命。由是貴陽城守營開缺，奉旨發往廣東，交李瀚章差遣。李係李文忠公鴻章同胞弟兄，先君適與同名，恐稱謂不便，遂更名「得龍」，取「蜀得其龍」之意。此次更名，對先君後來升遷影響不小。因以提督交軍機處記名簡放朝旨，係為「謝鴻章」之名，一經更改，該處遂故意指認為兩人，企圖乘機需索。此等貪婪行為，原為滿清官場通病，固毋足怪。但先君素行廉介不苟，既無法饜足軍機處要求，前半生戰功，遂被其抹殺。

先君由貴陽赴粵，結伴同行者，有王秉恩、賈××、和乾親席時熙諸老輩。席號春愉，時在貴州任知府，年近七十，擅隸書，精歧黃術，我母拜其夫人為乾媽，故我以外公呼之。謝、王、席、賈四家，均為川籍，同官貴州，平日往還極親密，此番聯袂偕行，足徵聲應氣求之樂。先君因係派赴前敵，家屬留居貴陽。本書首章所記先君用有關家鄉六、七個地名，綴成兒歌，由先母教唱，大約便在此後一、二年間。到達廣東時，中法之戰已近尾聲。和議正進行中。先君一度被命在廣東製造局工作。復改任瓊州協台（副將），兼「開山伐木會辦」（總辦為中法戰爭諒山大捷名將馮子材將軍）、席時熙外公亦同往。

父親受知張之洞

王秉恩丈出自張文襄門下，甲申年（光緒十年）四月，文襄由山西巡撫調兩廣總督（閏五月抵任），應付中法戰爭期間，有關南海一帶緊急局勢，秉丈遂入文襄幕，掌理文案，實際負有相當今日祕書長之權責。先君受知文襄，日後倚畀有加，最初實由秉丈之揄揚汲引。亦因文襄曾任四川鄉試副考官（早在三十四歲），其太夫人又係黔籍，與川黔淵源甚深，對兩省才智之士，特有好感，樂於引用。觀其幕府中，秉丈之外，尚有劉光第、楊銳、朱德寶（虹父）諸先生，均為川人，可以概見。

中法戰停，和約成立。己丑年（光緒十五年）七月十二日，文襄調補湖廣總督，十一月移節武昌，秉丈隨往。未幾，先君亦由瓊州奉調赴鄂。席外公因年邁掛冠，往上海行醫，以後滬漢之間，兩家仍信使不絕。先君在瓊州協台任內，清廉自持，政聲甚著。臨行，並將公費（類如今日之特支費）八千元留存，移交後任，作為地方公益建設之用。故離職後，德澤在民，當地人士曾為之樹立德政碑。後任官員，因公費從此無法中飽，對先君措施，至表不滿。傳聞為洩私憤，終藉故毀去德政碑云。

先君到鄂後，初任湖廣總督部堂大令委員，負責漢口治安。後調督標中軍協（相當軍部副官長），仍兼大令委員原職，遂有移家武漢之舉。

全眷由筑遷鄂

吾家原住貴陽，啟程之先，計議取道湖南溆浦，就便拜見先義祖劉鶴齡老軍門。時我年八歲，已能騎馬隨大隊行進。由貴陽到鎮遠，共八站。抵鎮遠後，全家改乘麻陽大船兩艘，沿鎮陽江而下。

麻陽船裝璜美觀，船上極清潔。三位太夫人各居一艙，我則赤足到處跑動。敖太夫人恐我不安靜惹事，預先在鎮遠書店，買了一部叫《來生福》的彈詞，約三十餘本，令我閱讀。郭、朱兩太夫人，都不識字，要我把看過的部份，每晚再講出來，大家消遣。

《來生福》這部彈詞，在當時很流行，但到現在似已絕版。記得原書的大意，是寫一位叫劉春暉的讀書人，前世為老秀才，畢生正直老實，唯知讀書行孝，但卻窮困潦倒，連知己也無一位，種種挫折叢集，最終鬱鬱而死。死後，閻王查閱劉之善惡簿，生平未作壞事，所有善行，陽世不曾受報。按劉在世時，有人為他算命，福命雖佳，但非當世而為來世。至是閻王果然查出劉在陽世為善既多，因而積存陰間的財富亦夥。本「善有善報」之義，任劉選一人家，投生享用。劉因在人世受盡折磨，認為閻王騙他，寧願做鬼，不肯再轉生做人。可是，閻王報應無私，賞罰分明，只須劉答應投生，願意滿足他一切請求。最後，劉提出他希望，第一，父母一路投生。第二，妻子也須同時轉世。第三，為官要狀元及第。第四，吃駐顏丹，長生不老。第五，即身成仙，白日飛昇。結果，閻王完全應允。劉春暉到了來生，凡人世間所祈求的種種福澤和美好願望，他都達到，一生極為圓滿。這原是一本道家之流勸善的書，一經講起，幾位母親當然也樂於相信。

另外，敖太夫人也看過許多舊小說，她老人家身體弱，有阿芙蓉癖，船上無事，朱、郭兩位太夫人，輪番替她燒煙，一邊吸，一邊也談的不少。所以旅途中日子，很容易過。

在那段水程中，再有一個故事，是過青龍灘（亦名青浪灘）時聽得。青龍灘長約四十里。灘間一處山上，有一廟宇，棲息神鴉無數。每逢船過灘，如遇神鴉相迎，則為吉兆，當以豆腐分饗之。否則，觸怒鴉群，禍將不測。相傳，曾有一船家，不按舊例，船上一好事少年，並故意槍殺一鴉。於是群鴉蔽天而來，繞船低飛，用翅鼓動江水，激成巨浪，船遂傾覆。其餘各船驚怖萬分，一致卜告望天許願，願以黃金鑄鴉一隻酬神，風浪始息。我家船隻過青龍灘時曾泊岸上山，至廟中參拜。我因年小，未留意金鴉尚在否。

這回隨三位太夫人到漵浦，在我是第一次。先義祖劉老門雖已退休，但在地方聲望仍高，劉府的氣派也很大。老軍門膝下，子女各七人，形成一個龐大家庭。可惜十四個子女中，通在老軍門庇蔭下，過著一種世家子弟所常見的鮮克由禮生活。因老軍門秉性剛介，且治軍甚久，動輒殺人。他身邊的親近，從不敢將他子女情況透露，唯恐引起不幸。往後劉府子女就無甚成就，老軍門亦只好聽之，轉對先君份外契重，期望獨殷。近三十年的義父子關係，加上長期共同出生入死的危難相顧，先義祖與先君之間，早已情逾骨肉。先義祖退休後，一生事業的延續，便寄托在先君身上。故先君在劉府，身份很特殊。在老軍門面前，沒有人可與之分庭抗禮。小至於老軍門專有的飲食等等，也只有先君可以分享。因此，我到溆浦時，托先君之福，極得先義祖眷愛。尚記得當時先義祖呼我為「人精」（湘南話，聰明伶俐之謂）。賜貂袍一件，約值千金。並為我捐款，增加溆浦學額，按舊例，可以發「案首」。後因我對科舉無興趣，一直未前往應試，老人的厚意，算白白辜負了。盤桓一段時候，我隨家離溆浦到達武漢，以後十年中經常住居鄂垣。

不久時間，先君就忙於襄河水師之籌劃。襄河水師之前身為健捷營，係彭剛直公當年所手創。其時汛地僅在巡邏漢江口一帶，防止太平天國軍之侵擾。健捷營草創之初，只有正副兩個營，每營所屬船隻，多至五十，少則二十不等。每船水兵二十六人。大船叫長龍，為主將坐船（人數較普通船為多）。各船頭部，安置頭砲一門，船尾梢砲一門，船中腰砲兩門。故一船火力，共火砲四門。全船水兵任務，除頭工一名，柁工一名外，每名各發給木槳一隻，平時划船前進，臨陣則共同利用火砲戰鬥。健捷營編制大略如此。

到文襄手裡，計議將原有健捷正副兩營，擴編為前、後、左、右、中五個營，改稱為襄河水師，設一「襄河水師統領兼全襄河總查」，統率五營，負責全襄河二千四百餘里水域治安。因健捷營兵將，出自湘軍，必須得一湘軍宿將，而且為廉將勇將者，以資統率。文襄就此條件，命先君推薦，先君本「內舉不避親」之義，當以先義祖應。文襄遂如擬起用。

甲午（光緒二十年）春，先義祖就任襄河水師統領，大營設安陸。並由先君兼任前中兩營管帶（此官文書稱謂，一般稱呼為統領）。其時先君往來武漢、安陸之間，雙方兼領，集漢口大令委員、督標中軍協、武昌防備營、襄河水師前中兩營管帶等四、五官職於一身，手握四、五顆官印，成為畢生最繁忙時期。未幾，先義祖調升宜昌鎮總兵，先君又承乏襄河水師統領兼全襄河總查一職。是年七月初一日，中日正式宣戰，十月初四日，文襄調署兩江總督，同月十一日抵江寧，即電令宜昌方面從速組軍、候命北上出關應援。先義祖遵令星夜在故鄉漵浦，募成土著兵丁六營，組成「鶴軍」、加緊訓練，以備非常。次年乙未（光緒二十一年）三月初一日，先義祖忽以積勞病故宜昌任所（此段經過見於許同莘編《張文襄年譜》卷五第一百頁，原書云：「宜昌鎮總兵劉鶴齡，甲午冬，奏調至江辦理防務。年老矣，以不營私財，故而用之，欲激勵諸軍，挽回風氣。鶴齡既卒，奏請優卹，稱為廉將。」），按照湘軍舊例，立由先君接掌鶴軍，並調任宜昌總兵一職，繼續編練事宜。軍成之後，先君交卸總兵職務，親自統率，順長江開拔東下，抵南京，聽候調遣。其時《馬關和約》已經成立，中日戰爭旋告結束，先君統率之鶴軍，奉命就地解散。文襄曾電湖北巡撫譚季洵（嗣同之父）以先君相屬。譚允調永州鎮總兵缺。傳聞公文已擬就，僅待畫行，以格於需索不應，未果。文襄不久回任鄂督，先君於是仍回任襄河，統領舊有水師。

九歲開筆作詩

先君在軍書旁午中，對八哥俊甫及我的教養，從未稍懈，先後延師數人任教。最初受業師趙梅村夫子，在營中任文案工作。我九歲開筆作詩，記得做第一首詩時，先只寫成兩句，「秋日涼風至，荷香送滿亭」，以下苦不能續，查韻本，才勉強湊出「為問神仙客，天河幾點星」十字，合為一首五絕，這算是我的啟蒙詩。十一歲時，開始點讀《通鑑》，偶有一次機會，與文襄幕府諸公，大談明燕王兵略，座上陳柏奇丈引以為奇，欲錄寄《申報》發表，結果如何，我未過問。那時我還治了一顆印，文曰「小時了了」。以後先君又聘曾蘭亭、吳子貞兩夫子，教我弟兄學書畫，八哥學畫梅，我學畫竹，都無成就。當先君統率鶴軍到達南京之時，我與八哥亦隨往。雖戎馬倥傯，先君恐我弟兄荒疎學業，仍請陳震（蓮知）夫子指點攻讀。蓮知夫子，四川綦江人，與我家為世交，先君任貴陽城守營時，太夫子雪門先生適亦官貴州，曾任臬台，後奉命監造烏江大橋，工作進行期間，橋為洪水沖毀，傾家資修復仍不足，罷官回籍，鬱鬱以歿。蓮知夫子到南京時，年約廿餘，擅詞章書法，思想甚新，能得風氣之先，與八哥年相若而略長，常相偕出入，成為遊伴。後歸川，一度署郫縣縣長，晚年閉門家居習靜。廿六年間，我回川視察司法，道經綦江縣城，曾一親顏色，攝影留念。

自先君重回襄河，往後職務迄無變動，生活安定，課督我弟兄尤勤。在攻治舊學之兩三年中，以丁酉年（光緒廿三年）朱虹父夫子，使我受益最深。有關虹父夫子的生平概略，我另有敘述。至今使我永不忘懷者，是他辭館離去時，所遺留與先君的一函，全錄如下：

德賓，狷人也。將去，不能無言，相處半載，一聞其譽門人乎。本無可譽，而譽其天資，是故丹岩主人之子。主人華舌之妙，條理之密，吾見亦罕，承其後者，欲無天資得乎。但慮其異日不及耳。德寶覺俊甫，天資之高，處世安詳，固見宗派，及臨池把筆，偶一留意，或數行，或數字，均秀麗可觀，然不及久為，遂不能自成風格。前車後鑑，共可恃乎。且主人壯老異時，寬嚴異用，而俊甫之收效如此，承其後者，徒恃天資得乎。刃以愈礪而愈銛，心以愈用而愈靈。用心之壯，古書雖奧而必求其通，古訓雖迂而必求其解，此非師保所能代也。不數年而壯，不數年而長，少不努力，老大徒傷，去年所得，果何在也，今年所得，又可知也。而主人則日見其老，時勢則日見其艱，學識未充，有何擔當。今之後生，不足畏也。不挾破釜沉舟之勢，與之血戰一番，恐即秀才亦不易到手耳。德寶之言，更有進於此者，然即此亦不免遭怨。知其怨而譽之，非所以對主人也。惟密無宣。

全信對我責斥之切，躍然紙上。殆實源於寄望之深，每念及此，感奮不已。故至暮年猶能默誦全函，不遺一字。信中所云「丹岩主人」乃先君別號，本於故里名紅岩坪而來。

與虹父夫子同時任教的，再有一位蕭夫子，湖南桂陽廩生，通醫術，曾為先母敖太夫人治病，專教我們八股，做截搭題，學習「釣、渡、挽」那一套方法。先君的意思，要我準備到漵浦應小考，代劉家取得為我捐的那一名學額。虹父夫子則不喜八股文，因之與蕭夫子相處，亦不甚融洽。丁酉年，三月某日，九月二十九日，我八哥俊甫與敖太夫人相繼去世，病中，蕭夫子曾為處方，似未盡善，亦為虹父夫子所不滿，故代先君輓太夫人聯中，有「其奈藥難奪命」之句，蓋即指此而言。蕭夫子認虹父夫子為不擅八股，要我不可學他，否則不能青一衿。因其語侵虹父夫子，我不願意，遂先辭館而去。後來我往日本留學之際，在武漢，不期遇見，紅頂花翎，儼然一員湖北候補道。據傳因為一富孀治病關係，進而結合，由富孀出資為之捐官，亦一奇遇也。革命後，我回湖北，其人已不知所終。

進博文福音學院

戊戌年（光緒廿四年）政變後，社會風氣一變。我為學英文，結束舊學生涯，改進博文福音學院。博文是與文華聖公會兩學院，同為西人在武漢所辦三有名學院之一。我家與博文學院同在武昌城，所以我是走讀生，讀約一年，終發生了事故。說來起因很小，當時武昌全城無一出售鉛筆練習簿等類文具商店。學生需用時，必須向校內教員購買，先交錢立摺，月終結賬，多退少補。某一星期日，我到校向一位叫格林的教師買練習簿，適逢全校做禮拜，我因不願參加，便在堂外坐候。禮拜完畢，格林教師出來遇見，問我為何不做禮拜，我既不願說謊，據實告以對此儀式不感興趣。一時言語衝突，我遂從此輟學未再到校。

第三章　由十六歲至二十九歲

（光緒二十四年至宣統三年）

與鄧至游女士訂婚

戊戌年，我已十六歲，讀書雖無成，在上輩意計中，已屆議婚年齡。此事說來甚巧，鄧述之老丈時任湘礦轉運局局長，與先君為拜把弟兄，某日宴客於漢口第一碼頭新生街法國玻羅菜館，座客除先君外，尚有雷達利（即以經營鐘錶業馳名之瑞士人亨達利弟兄較早譯名）與馬洋人等。我已預知先君在此酬酢。臨時適與老僕人趙春亭經過其地，覺囊中不名一錢，意在向先君取零用之資，順道入館，探悉席尚未散。我便昂然直入，意態自若，陳明來意，從容而出。後知述丈與我成為翁婿關係，其屬意即始於此次闖席之時。不久我遂奉父母之命，與逑丈女公子名鍾字至游，宣告訂婚。

捐納知縣職銜

當我十七歲之年，歲在己亥（光緒二十五年）由於王秉丈美意，商量先君，需我捐一知縣職銜。秉丈對於捐例相當熟悉，全家大小，多出此途。且以身居文襄幕府，辦理捐納事宜，尤多利便。但先君居官清廉，並無閒錢作此不急之務。後來由先義祖家族將銻鑛股票，出讓一部份得款給我，總算換得一個做官的頭銜。

在我十八歲之年，歲次庚子，（光緒二十六年）更有影響我畢生的一事，便是首次發現咯血。是年先君尚健在，同鄉鄒星石觀察，招我赴宴，席間鬧酒，已有醉意。歸家面見先君，不敢言醉，胸中雖欲作嘔，亦強忍不吐，迨回至室中大吐，即見帶血。從此，我咯血若干次，已無從計算。以後在渝、蓉、京、滬各地，直到今來台灣，我都有過咯血症狀。忽輕忽重，時發時癒，成為我終身痼疾。歷年來，在時間精力工作上，因此誤我不少。

父親統辦沿江緝匪事宜

就在我訂婚、捐官、咯血前後三年間，先君已漸趨衰老，體弱多病，庚子年（光緒二十六年）秋間，文襄破獲唐才常等黨羽，遏阻亂萌，為防止餘黨活動，復命先君統辦沿江緝匪事宜，兼統江安、襄中等營（此事亦見《張文襄年譜》卷七第一三七頁，原書云「派提督謝得龍巡緝沿江會匪」）。其組織，統辦之外，另有會辦二人，為馮啟鈞（少竹）、岳鳳梧，代辦二人，為王清臣、馮得臣，此四人均為當時有名之緝捕能手。馮為廣東人，文襄得意部屬，曾有評語為「雷霆精銳冰雪聰明」。岳為岳鍾琪之後，任一等輕騎都尉，帶領測海兵輪。王、馮二代辦，則以副將銜參將，分任左右統哨，巡弋沿江各處。防地上自漢口，下至武穴，對外文告，統辦一，會辦二，該管地方官一，及有關官員一，五人會銜。先君純係受文襄知遇，非為滿清效力，故終其任，未聞辦一黨人。

辛丑年（光緒二十七年）七月十八日先君壽終荊門沙洋人營。後據堪輿家云：「將軍號得龍，龍困淺沙（洋），宜乎不吉也。」時我年方十九歲，亦按湘軍傳統，如先君接掌鶴軍例，以知縣職銜，正式統領襄河水師。我座船上許多官兵，至今尚能記憶者，有艙長李鴻發，挖工蔣成材，頭工陸登榮，頭炮謝登有，號手唐有生、譚健等。在任約七個月，即交由後任李祖蔭接管。

在先君由黔而粵而鄂服官期間，家鄉族人，凡屬祖父一代老二房部份，傳到我們顯字輩各房，陸續前來投奔謀事者，共有七人，均長於我兄弟。所以按大排行，我胞兄俊甫、行八。我行九（顯軔）稱為老么。此七人情形，大房顯懷，曾隨先君抵達廣東，旋即他去，遺女秀姑，後與三房遺女鑾姑（謝昭）均隨我一同讀書。二房顯×，情況不悉，可能中途遭逢變故，失蹤。三房顯恆，在先君貴陽城守營任內時，亦供軍職（千總），先君赴粵時，仍留貴陽設茶肆自活。四房顯江，工書法，未婚，死於廣東瘟疫。五、六兩房顯文，顯超，均各回川經商。七房顯侃（陶甫），因我八哥早死，過繼八房承祧，並更名謝傑，頂替八哥所捐知縣職銜。

我與八哥，由郭、朱兩太夫人經手析產，先君所遺衣服袍褂，約值萬金，現銀所得僅各數百金。外有田產，郭太夫人分得四川故里部份，我生母朱太夫人，則為湖南漵浦部份。稍後郭太夫人願回漵浦劉府寄住，我母子隨即搬出武昌王府口所租房屋，另於黃土坡置宅一幢安居。

赴滬進愛國學社

我交卸襄河水師時，並售出襄河住宅，餘下數百金，決心繼續讀書。上海風氣開通，人文薈萃，為青年醉心讀書之所。癸卯年（光緒二十九年）春，我亦聞風而往。到滬後，適逢虹父夫子落拓春申，我日至旅社相與傾談，不久我獲一機緣，進愛國學社。

愛國學社，成立於壬寅年（光緒二十八年）十月，解散於翌年癸卯閏五月，僅止七個月壽命。如是一普通學按，朝生暮死，人間久已忘其名字，豈有記載價值。因此學校，是清末學界風潮的導線，革命份子的俱樂部，當時政府的眼中釘。在國史、黨史上，都有提到的必要。他的前因後果，自有史家詳記，我只就個人入學後所見所聞的，略加紀載而已。在未有此校以前，先有上海中國教育會，蔡元培（孑民）、章炳麟（太炎）、吳敬恆（稚暉）諸先生及宗仰和尚（即烏目山僧俗名黃宗仰），都是中堅分子，平常計劃革命，提倡學生以罷課爭自由。適值南洋公學某教室中，因失一墨水壺，當局牌示開除一學生，該班學生請求收回成命，竟被開除全班。於是全校大譁，蔡先生是總教習，聯合各班教授，力爭不得，遂由中國教育會決議援助，該校學生二百餘人，全體退學，在英租界租屋創辦愛國學社，蔡、章、吳三先生任主教，同學的特班學生分任助教，參加者尚有龍澤厚（積之）、徐敬吾（綽號野雞大王），葉浩吾、戢元丞等。教職員均不支薪，全盡義務。經費除學費外，由中國教育會墊支，另募捐款。我到上海適值上海國民公會成立（是時值各處發生或醞釀革命風潮甚烈，桂撫王之春有借法兵平亂之議，群情憤慨，上海民眾開會於張園，通電反對，即成立國民公會，又名「國民議政會」，號稱將以此為中國國會基礎），桂林龍積之先生主持其事，任我為駐會幹事。學社成立後，龍先生勸我入社求學。我聽說有吳稚暉諸先生任教，欣然願往，因看《新民叢報》（梁任公在日本橫濱辦的）知吳先生在東京與清使館爭保送陸軍學生憤而投海獲救事，非常欽佩其人，願意從學。到社時，先由教務處問我國文程度，我說粗通而已，就被編入丙班，恰是吳先生主教，課本是嚴譯《天演論》。每日聽先生講學，風趣環生，雖然一口無錫官話，不能完全了解，但學生還是喜歡傾聽。彼時蔡先生教乙班，章先生教甲班，到了學期考試，每人寫〈我的歷史〉一篇，我名列全校第一，章先生就升我到甲班聽講，記得課本是德人那特硜博士的《政治學》。

學社中革命空氣，異常濃厚，中國教育會諸先生，常常來社演講，社員總是罵政府，講革命，掀動學潮。鄒容（蔚丹）也從日本回國，即住社中，與我們天天談革命，非常激烈。他起草《革命軍》一書，太炎、稚暉諸先生，時參意見，我們是同鄉同庚（十九歲）也很談得來。學社民主得很徹底，沒有什麼師生的禮節，誰也不要管誰。名義上是有自治會，也公推有組長，事實上滿不是那一回事，誰要涉及秩序的話，就被人罵為封建思想，誰要主張冷靜研究，叫囂無益，必被罵為滿奴。

陳夢坡先生主辦《蘇報》，受當時潮流影響，日日登載爆炸性言論，鄒君的《革命軍》脫稿後，先在此報發表。章先生的〈駁康書〉、〈客帝論〉，也陸續登載。張繼（溥泉）先生也以「自然生」筆名，撰論罵清廷。內地各省，因上海的影響，學潮紛起（我也是此時與張先生相識，後來在武昌開震亞書店，張先生為《民報》主筆，就托我為《民報》分銷，因此被封），罷課退學的事，天天見報。江南陸師學堂，是軍事教育，管理向來嚴格，也鬧起學潮，大部份退學，以章士釗（行嚴）為首，亦來加入愛國學社，聲勢越發浩大。

拒法兵之後，又有俄國要求清廷訂立東三省不得讓與他人的協約，人心憤慨異常。日本東京中國留學生，發起組織學生軍，推鈕永建（惕生）及湯爾和兩位先生為代表，向政府請願對俄宣戰。愛國學社，已先有義勇隊的提議，隨即開大會於張園，歡迎東京回國學生軍兩代表，群情激烈，通電清廷拒絕俄約，並應反向俄人要求訂立聖彼得堡不得讓與他人的條約，立刻全國總動員，俄人若再強橫，即對俄宣戰。又有人提議，應該先成立民眾義勇隊，鄒蔚丹大呼，「贊成的出場，在草地上列隊，不去的就是漢奸，我們先打死他」。於是數千群眾一鬨走出會場，到草地還不知如何排隊。我看亂得厲害，才拉出章行嚴來，我說，他是陸軍學生，快出來領隊。章毅然自任，出來喚口號，才把隊排好，再請兩位代表演說。誰知因為代表說要到北洋與直隸總督（袁世凱）商量，惹動鄒蔚丹反對說，「還要去向滿奴請願，這是亡國奴的作風」，後由章、吳諸先生出來說話，然後才平靜的散會。

那時大家革命知識不免幼稚。學社同仁，個性均強，既無嚴格紀律，又無共同領袖，人人均必須貫徹主張，自為事實所不許，加以中國教育會與學社間又生意見，以致吳先生對學社及教育會雙方請辭，擬另組軍國民教育會。蔡先生也因準備赴德留學，退出學社。正在這個時候，《蘇報》案突發，所謂雪上加霜，學社遂難存在。

《蘇報》天天登載革命言論，對清室破口大罵，有「載湉小子不辨菽麥，殺之不足蔽其辜」之語。至「西后淫婦」之名詞，更屬常見。清廷當然不能容忍。老實說，那時大家只是口誅筆伐而已，並無如何實在進行的計劃動作。但是已經全國震動，清廷更以為起事就在目前。於是想種種方法，誘使這一般人走出租界區域，以便捕殺。吳先生就受過幾次被人計誘，都被識破，未遭毒手。又向英租界當局交涉引渡，亦遭拒絕。吳、章、蔡三先生，宗仰和尚、徐敬吾都受過捕房傳訊幾次，問有無軍火，答以無有，遂無事而回。到了閏月中旬，捕房受會審公堂拘票，封閉《蘇報》館，拘陳夢坡、陳範（即夢坡之名誤作二人）、程吉甫（《蘇報》館帳房）、章炳麟、鄒容、龍積之、錢寶仁，共七名而實六人，僅章先生被捕去，其餘均自行投首。吳先生為友人勸告赴香港轉英國，為此事章、吳兩先生還起了很大的誤會，章先生作《鄒容傳》，對吳先生醜詆，以後章在日本、吳在巴黎，還隔海筆戰，直到民國迄未冰釋。兩公都是我的老師，不敢贊一詞。

《蘇報》案是清政府請西籍律師，代表政府，向英按察署控告，形成中國國民與清政府代表對簿公堂。許多新聞（國外）都大書特書中國國民與皇帝成原被兩造，是國民的勝利。

愛國學社受此內憂外患，自然瓦解。清廷又降諭，大意說，「《蘇報》受愛國學社等亂黨，提倡革命，所有該社諸人，著沿江沿海各省督撫，一體嚴拿務獲，訊明就地正法」云云。師生各自避難，我又接到家電催歸。從章、龍諸先生被拘後，我常到捕房探望章、龍兩先生及鄒蔚丹好幾次，至是也只得揮淚而別。與吳先生也就一別多年。後來在南京才再見面，承賜篆字一聯，可惜未及攜帶來台。

愛國學社同學，除章行嚴，徐敬吾外，還記得有曾劍夫（溫州人）、敖夢姜、沈步洲、穆湘瑤（杼齋，民國曾任上海總商會會長）、其弟湘玥（藕初，曾任農商次長），此外都忘記名字了。

陳夢坡先生幸未被捕，當時年事已高，甲辰年（光緒三十年，公元一九〇三年）我亡命東渡，與陳先生的女公子擷芬在留學生會館同學日語，常提及老人健在，逝世似在民初。

我經過愛國學社這一段生活，回到武漢，喪服已滿，家中僅我母一人，需人照料，遂與未婚妻鄧鍾女士完婚。成家之後，責任自感加重，於是在武昌橫街頭開設震亞書店，夥計中有陸費伯鴻（後來中華書局的負責人）加入。開書店的最初打算，說來可笑，一方既想做生意賺錢，一方又想準備趕考。在那動亂不定之秋，可見青年人的心情，是如何徬徨與矛盾。

書店開張僅只數月，因出售革命書籍，終被查封。在不幸中，卻意想不到，結識了楊子鴻（後亦名子虹）這位好友。子鴻名禧，湖南長沙人，畢業於南京日本人所辦之東文學堂，患深度近視，口吃（登台講學或演說，卻極流暢）。當我開書店時，經常來看書，次數既多，覺其為斯文道上人，頗饒風趣，彼此開始認識，其初交情尚淺，但憑此一點緣法，日後終成為莫逆之交。

赴日留學

開書店賺錢趕考計劃遭受挫折，回過頭來又想進一步求學，甲辰年（光緒三十年）我把溆浦當舖的產權，讓給三叔，得銀八百兩，作為學費，準備東渡日本深造。道出上海，買好赴日船票上船時，忽遇楊子鴻下船，伊原有意去日，苦無川資，其兄允相助，臨時未能兌現。正進退兩難間，與我相值，接談之下，伊托辭等候張溥泉諸人同行，卻未見來，旋向我借錢購買船票，我既與伊是震亞書店時候舊識，加以我對日語毫無基礎，與之同行，亦多便利，於是遂結伴登船，同赴日本。在日情況，分敘如下：

在日六年進過五種學校

我一共在日本六年，先後進過大清國鐵道預備學堂（與田桐梓琴同學）、日本警監學校（與陳其美英士同在第三班）、清國留學生會館所辦的日文班（與秋瑾同學），最後才習法律，進日本東京法政大學法政速成科第二班和日本東京大學。在日所得畢業文憑，曾有意裝裱成屏懸掛，以見其多。

留日期間，我曾經發生過一件為當時留學生所熟知的事。清國留學生會館日文班，約有學生三四十人，請有兩位日籍教員教授日語，晚間上課，屬於補習性質。某晚，教員在黑板上寫出，「明為清太后萬壽，休假一天」字樣。正當革命空氣高漲之際，對休假事，自然群表憤慨。我隣座一孫姓官費生，在國內大概是屬於主事一類的官員，同學僅一、二月，當即問我，教員所寫為何。我氣憤之餘，乃告之曰：「教員所寫，是你們大清國皇太后萬壽休假。」孫大不高興說：「你這話甚怪，如何可稱為你們的。」我氣愈甚曰：「不是你們的，難道是我們的。」孫問：「你為何國人。」我曰：「中國人」。孫再問：「皇太后為何人。」我曰：「不知道。」孫曰：「你不像中國人所講的話。」我曰：「曰：「我正是中國人所講的話，你才不是。」孫曰：「曰：「你將交公使館解送回國，名片給我。」我曰：「曰：「名片沒有，給筆與我，寫給你。」

此時女同學，秋瑾、陳擷芬（《蘇報》案主角陳夢坡之女公子）、劉健雄三人出面，每人都與孫一名片曰：「此話我們也講過，一併報告公使館可也。」我於是更斥之曰：「滿奴，漢奸，揍他……」孫見情勢不妙，倉皇離去。眾旋問我，何不以名片與之。我曰，隨身未帶。當即赴揭示處寫上，「謝復夏，中國四川省榮昌縣人，法政速成科二班及日語夜班學生，請速報告公使館押送回國，頃聞人言，汝為旗籍，果爾，則亦無怪，李陵之言曰，爾為漢臣、安得不云爾乎，乃公當知汝族之狼狽，姑不計較可也。」後知孫某並非旗籍。此事終無結果，秋瑾以是曾相過訪。

再有一事，給我印象亦深。在日本警監學堂時，同學徐光漢喜作北里遊，被人公開攻擊，要求學校報告公使館，遣送回國，陳英士先生當眾力表反對，認為如許細故，毀人前途，大不應該。當時敢於出面為此同學辯護，實非有大勇氣不可，余從旁附和而外，但覺英士先生英氣勃勃，好抱不平，能為人所不敢為，甚為難得。

在我留日時候，神田區為「遊」學生主要住宿區，單中國自費生上萬人，清廷所派官費生亦達數千。官費生每月所得官費為日幣三十三元，常用不完。自費生大都很窮，遇有手頭不便，多以高利貸向官費生挪借救急。再不然，亦可向公使館要求貸款，數目大抵不會超過十元到二十元。但須找三個官費生作保，到期借款無法歸還，便扣官費相抵。故官費生被自費生拖垮情事，時有所聞。留學生旅館租金，高等帶飯的，每月二十元以上，有一家廣東人開設的「龍濤館」租金最高，為廿二到廿五元。早晨有牛奶麵包。經常佐餐多雞、鴨、豬肝之類，大概為官費生所住。日本旅館極方便，許多零用費、可由老闆隨時墊付，月底再結賬。故一般學生最怕「米梭卡」（日語月底之意）。但官費生每到月終，便把一月來所餘的錢，花天酒地送掉，最初我所住旅館，租金六元，房客除我以外，其餘全部為日籍學生。我後來改租十二元一月的旅館，自覺已經不錯，據我所知，許多自費生，每天只吃一餐或單喝稀飯渡日的情形，也很尋常。

一般留學生，衣著多穿和服，取其便宜。上課時有穿西服，也有仍穿和服的。腳下講究穿「格搭」（下馱）。下雨天仍能穿「格搭」，行動自如，則表示為老學生。

轉學私立日本大學

我最後唸的日本大學為夜課學校，每晚上課三至四時，學年共為三年。其先所肄業學校、暑期時我多回國省親。某年暑期在武昌舊居，曾撰過一座右銘云：

背水作陣，破釜沉舟，此關若失，乃墮九幽。
朝秦暮楚，業終不成，生慚老母，死愧先人。

丁未年（光緒三十三年）四月初七日，生母見背，時在學期中，奔喪歸國，旋攜妻及姪女謝昭赴日，進一所日本女子家政學校。我則由巢鴨警監學校警察科轉到日本大學法科肄業。那時這個學校，是東京有名的六個私立大學之一（其他五個是早稻田、法政、中央、慶應、明治），校長是松岡康毅侯爵，教授有劉田鳩山、新渡戶牧野等，都是日本的法學權威。所以中國同學很多，約千人以上。

認識戴季陶

我在學生控室（學生休息室）認識了幾個四川同鄉，胡霖（政之）、裴鋼等，戴季陶（因他後負黨國重望，此後改稱季公）也是其中之一。他那時大名用戴良弼，號就是季陶（傳賢是他的派名，回國後才改用的。天仇是他在《天鐸報》的筆名，在日本寫文的筆名叫散紅生），他比其他同學都年輕，我們都叫他小戴。他同金銳新（工手學校學生）住東京麴田區松濱館。這旅館專住日本人，不大歡迎中國學生，季公、銳新都長於日本話，季公說得更好，那時留學生說日語，能夠在間壁房裡聽不出是中國學生，同學中不過三數人，季公尤稱第一。而且經常寫稿，投各報發表，與日本作家搶稿費，所以松濱主人甚表佩服歡迎。我夫妻同姪女謝昭及楊子鴻（此時已為我姪女未婚婿）恰在麴町區飯田町二百餘番租了一幢小房同住，距松濱館不過一百步遠。下了課及星期，不是我同子鴻到松濱館，便是季公同銳新到我家。季公到我家便飯，更是常事，國內家裡每有食物包裹寄到，總是聞風而來，吃光為止，某次收到臘肉，適我妻及姪女不在，大家不知如何辦，竟然生吃下去，總計同學三年，幾於無日不見，我們自號為「松濱四友」。除了子鴻，三人都是同鄉，除了銳新，其他三人都是同學，彼此都在少年，天真無邪，聚在一起，上下古今，東西南北，從革命談到吃飯，從天文談到螞蟻，極端自由。在同一時期，松濱館來往的中國學生，還有一個學鐵道的蕭子材（似村）是季公的小同鄉，一個學警察的湖南譚桓士，但是都沒有我們這樣親密。

蕭似村後來在我襄陽高等法院時期，任過書記官。考試院成立後，進考選委員會任總務科長。譚桓士拙到不入流，中文無根底，日語亦欠佳，學科成績也壞。窮而雅好香菸，由眾人供給。歸國後，我在上海執行律業時，任我書記，尚能奔走。後娶婦亦窮，年不及四十而終。

季公在日，尚有一段祕辛。他當時已有大志，因與韓國復國志士交往，得識一李姓皇族公主，為韓王（日韓合邦廢君所改封，類如日本親王）叔輩之女，亦在日留學，因韓國人在東京行動不甚自由，故季公與伊往來均守祕密。季公倜儻少年，文名尤盛，風頭甚健，終獲公主青睞，相約訂婚。訂婚之日，我當然參加歡宴。席間。季公唱日本歌，我唱川劇（生平得意戲為《叫花子排朝》）李皇叔朗誦《論語》一段助興，其餘猜拳行令，眾皆大醉。季公忽放聲痛哭說，「人生遇合，不過如此。」迨回到我家，仍掩泣不已，朕兆頗不祥。果然，對方可能因政治上的關係，似受威脅，不三日，交往遂絕。以後季公對此事絕口不談，外間知此事者甚少，刻下恐只我一人略能記憶。惜此公主芳名偏忘卻，不無遺憾。

留學生同學會

清末是中國留學生極盛之時，全體在萬人以上。有一個清國留學生會館，因人太多，非常散慢。日本大學的中國學生，有一千多人，向無組織。戊申年（光緒三十四年）秋間，季公、楊子鴻、胡政之等商量組織同學會，推季公向學校交涉。校中器重季公，不但許可、並且贊助。那時中國留學生監督是湖北人田吳炤，向來奉命嚴防留學生組織團體宣傳革命，不肯批准，種種阻撓。我們多次奔走，又由校方斡旋，才得允許。當先開籌備會，推季公主辦，我與胡政之，張伯烈、楊子鴻、樓岑、王用賓（太蕤）、金范澄（泯瀾）、裴鋼、平剛等（人多時久，記不許多）幫同籌備。大家都窮，到處求人，連捐帶借，總算組織成立。舉行典禮的那天，日本文部省中國使館都有人到。日大校長及教授多數出席，日本同學也來觀禮。到會約達二千人，公推季公為臨時主席。他以成都話及流利的日語，致開會詞，博得滿場中日人士鼓掌。嗣後投票選舉職員，季公當選會長，我與子鴻當選書記，張伯烈當選評議長，其他職員三十餘人。會後舉行餘興，季公及銳新唱日本歌、子鴻讀他選的日文頌辭，（子鴻精於日文，為季公所服），季公並強我登台唱京調〈出師表〉。會散後回松濱館，季公大哭（季公重於情感，無論哀樂，往往痛哭）。事後我們發起印同學錄，每人均有肖像，精裝一冊，回國後大半失去。抗戰前一年，我忽在武昌舊貨攤上，發現一冊，贈與季公，為之狂喜。王太蕤的一份未失，抗戰在渝時，他對我說也送與季公了。我自己的一份，與同學會的大相片一起失去。寶玉大弓，再得無期，想起實在懊惱。

我們在松濱館，後來日子愈過愈窮，有錢大家挪著用，沒錢就不敢出門。季公在松濱館的宿費伙食，一欠就是幾個月。前面提過，日本旅館的慣例，伙食以外的添菜，香菸、洋火、郵票等等，都可由旅館墊款代買，月終算清，館主因為敬佩季公，除了旅館費同墊款不大認真討取外，還借給零用錢，後來甚至借錢與他還外間的賬，久而久之，積成巨款，到了我們要畢業的那年，（民國前三年、明治四十二年）主人也有點力量不夠了，就限期還錢，催逼甚緊。銳新家裡匯來學費，向來供給季公用的，但是仍然不夠，因此逼得他不能在日久留，終於提前回國了。記得臨行的時候，我們商量替他餞行，大家都一錢莫名，就是我還有一個金戒指（那時我妻無力繼續留學，先已回國，這戒指是她留給我備萬一之需的），送進典當（日本叫做質屋，是我們窮學生常跑的地方），得日金五元，上廣東料理店痛飲，大家都醉，季公醉後大哭，由我們扶他回館。第二天上車，到了車站，才發見他的旅費還缺日金三元多，若買了車票，就不夠到橫濱買上海船票了。大家無法，我急趕回家，把我的日本大學兩年多的講義廿多本，一起再送進質屋，書是不值錢的，一共只當了四元，送到車站，我們才灑淚而別。所以季公，子鴻雖與我同系，畢業卻不同時，季公是無錢繳學費，未畢業即先歸國，子鴻按規定期間畢業，我早他三個月提前考試，一下十六門全部及格，比兩人運氣都稍好。我們回國初期，銳新回川、季公在蘇任教、我同子鴻回湖北創辦法院、後先任職武漢檢察廳，松濱四友，就此風流雲散。

回鄂任教

我是已酉年（宣統元年）畢業回湖北。在創辦法院前，我曾一度受聘為湖北官立高等巡警學堂（設在巡道署）教民法和高等警察學，每月授課十六小時，月薪三十二元，尚記得學生有桂功震等。同時，四川同鄉會在武昌辦有四川中學，監督（校長）施紀震先生（曾官翰林及候補道）約我兼教國文。此時已是己酉年春夏。八月間，我便向兩校請假赴北京參加遊學生部試。柳下惠「不羞污君，不辭小官」，和王荊公「為貧而仕」的微旨，至此始漸領略。同行有楊子鴻和盛時（廉生）。考試分兩場，第一場考外國語文，我選考日語，約有七、八百人應試。第二場考專長學科，便僅餘二百餘人，三天後發榜，我成績不佳，得法政科舉人。子鴻亦中，看榜後因風木之感而泣，竟至放聲大哭。

事後據傳，那次遊學生考試，底分早經內定，日本私立大學畢業為五十分，公立大學畢業為七十分，歐美留學生底分又較高，獲得博士頭銜者，甚至可到一百分。考試後再將實得分數往底分上加，再經平均，即是總成績。如此結果，自然不曾公允。盛廉生的落第，不為無因。論他詩文書法均佳，信心亦強。但在考試前，卜得牙牌數云：「獻策上長安，功名兩字難。龍門無君份，名已落孫山。」竟果應驗，甚不可解。

榜後，我回武昌，仍到兩校授課。第二年（庚戌宣統二年）三月，我們再到北京參加遊學生殿試，地點在保和殿。仿已往殿試情形，應考者自揹桌子入內，席地而坐。尤其採用「白摺」，使留學生們大感頭痛。不過，卻允許攜帶汽水入場，故考試時候，四處可聽到開汽水瓶聲音。當時革命黨人活動甚烈，風聲鶴唳，些許響動，常引起考場值事之輩驚惶失措。應考者遂乘機大開玩笑，引以為笑。還記得那次的經義試題是：「水火金木土穀為脩」義。我的考卷，弄上兩處墨，打了兩個補釘。全部考試一天完畢。結果我名列二等，分發大理院名科行走（相當於今之書記官，如三年滿俸，可截取道府）。楊子鴻一等，授內閣中書，因俸祿微薄，我們到差後即請假回湖北。同年（或為己酉年），盛廉生另考法官優等及第。應試前，我同子鴻每天迫他用功。刑法竟能逐條背誦。再試中後，分發湖北高等審判廳任刑庭長。一度與我同事，並為房客。革命後，廉生作過湖南高等審判廳廳長，子鴻反而為其屬員，約余往任庭長，未就。

創辦湖北私立法政學堂

當我由日回鄂，那時湖北的法政學堂，只有官立一所，名額有限，許多有志學法政的學生，無校可入。當局因怕學生學了法政，要鬧革命，絕對不准民辦。我與友人湯化龍（時任湖北省諮議局議長等於今省議會議長）、蕭大鏞（字瑞棠，湖北候補知縣）、毛家騏（字文彬，是我的襟兄時任高等警官今為國大代表）、陶厚庵等，籌商發起私立法政學堂，未有成功。到了第二年庚戌，我參加遊學生殿試，分發大理院，請假回湖北，由鄂督奏調在鄂辦學，免扣資俸。因識湖北提學使（相當教育廳長）王壽彭，山東人，清末狀元，人尚開通，我告訴他立憲要普及法政教育（時在九年預備立憲時），官辦一校，萬萬不夠，必須開放民辦。他欣然贊同。於是我們才聯名呈請鄂督，創辦湖北私立法政學堂，得批准咨部立案，租定武昌痘母祠街房屋為校址，我被任該校監督，蕭、毛兩君擔任監學，聘湯化龍為教務長。開學時，湯代表湖北省諮議局致詞說「湖北之有私立法政學堂，自斯堂始」實為鄂省空前之舉。

學堂教師，頗網羅當時人材，留日回國的法政專家，如何奇陽、張文烺、楊子鴻等，國學專家如吳我尊、趙譽船，都應聘來教。學生就中學畢業生考取（舊制中學相當今之高中）。因是外省人發起，學生也是外省旅鄂官商子弟，本省人見民辦法校已開放，也就聞風興起。夏壽康（湖北翰林民國一度任鄂省長）、劉鴻烈（湖北教育家曾任武昌五路高等小學人戲稱為五路財神）各辦一校，劉辦的名湖北公立法政學堂，在舊撫署，夏辦的名江漢法政學堂，在糧道街，各有學生一、二百人。最可笑的，是一般傳說私立法政，是私自設立的，劉鴻烈利用這種風傳，才命名公立法政，好像他的學堂，才是公共設立，其實過了一個時期，大家也就明白公立、私立，是怎樣一回事了。

我辦的私立法政，民國成立後，張文烺、何奇陽先後任校長，毛文彬副之，請准省署撥貢院（清代考舉人的大廈）為校址，規模擴大，學生增多，畢業十二班。學生共約二千餘人。私立法政出身的法官律師行政官，不獨散佈在鄂屬七十一市縣，即江西、湖南、四川、安徽等省，亦不乏人。我創辦此校，算來還在震旦、南開等校之前，雖未能發揚光大，但猶能艱苦支撐，養成多數人才，毛君功績，實不可沒。往後我轉入法界，無法兼顧，仍賴同仁繼續維持，歷久不替，設非十六年寧漢分立，將中國銀行現金用去，及共匪在鄂省竊據，通緝教界影響（當時凡在鄂省任校長者均被通緝），絕不致驟然停辦。廿五年我在司法行政部時，毛君任參事，又計劃復校，籌集基金，若非抗戰事起，此校可能在其時中興。勝利後，經教育部准許恢復，但改名為漢口私立法學院。時我在滬，被推為名譽理事。三十六年秋季，招收法律、政治兩系各一班，三十七年經漢口市政府轉行報部。不料共匪叛亂，武漢於三十八年五月陷落，此法學院亦被關入鐵幕。

中國法院，創自清末。先由修訂法律館訂定各級審判廳試辦章程，由奉天（遼寧）先行試辦。繼續創辦者，首推湖北。那時湖廣總督是滿人瑞澂，提法使（即舊日之按察使改名，俗稱臬台）河南馬吉樟，都是不知法律的官僚。幸而湖北法政學堂監督（即校長）南昌梅光羲（擷雲）先生是個專家（留學日本早稻田法科畢業），馬使敬之如神，一切聽從擘劃。因人材困難，先在法政學堂內設審判員養成所，考取鄂省候補州縣佐雜（佐即縣丞州同等，雜即巡檢典史等）入所肄業，聘法政學堂的教員及新回國的留學生為講師，八月畢業。辛亥年（宣統三年）秋間成立高等審判檢察兩廳，梅公任審判廳丞（即廳長），上海黃慶瀾（涵之）先生任檢察長（即首席儉察官）。武昌、漢口、沙市、宜昌四處設地方初級審檢廳各一所。審判員養成所畢業學員的州縣班，派推事檢察官。佐雜班，派典簿（書記官長）、主簿（副書記官長）、錄事（書記官）。地方審判廳長檢察長，一半是調用京津奉天的法官，一半是留學東西洋法政學生充任。法律是用大清現行律（由修訂法律館將大清律例刪改而成），程序法用各級審判廳試辦章程。

清末雖然標榜立憲，人都知道是騙老百姓的，自然談不到司法獨立。加之瑞督驕横專制，奴視屬員，馬提法使年老庸懦，畏上官如虎，常常被瑞督惡聲相加。法院成立後，行政官的司法權大部份受限制。掌理司法行政的提法使首當其衝，更是時遭辱罵，這樣情況下，哪裡還敢有所主張。但是這位高等廳丞梅公，卻是威武不屈，與馬同見總督時，侃侃而談，不稍遷就。瑞督因梅公閥閱世家（公父曾任浙撫），少年科第，又是法政專材，非常敬佩，不敢稍作威福。所以謁見退出時，馬使汗透重裘，梅公卻談笑自若。因此法院的審判，到還不大受行政的干涉。提法使的命令，法院也是要合法的才肯接受。以後馬使回鄉養病，梅公兼任提法使，法院威信，更加顯著了。

湖北高等審檢兩廳，武昌府（彼時縣之上有府治，武昌府轄十縣，審判機關因府治所在，冠以某府名稱）地方審檢兩廳及看守所，都設在省城閱馬廠前街。創辦前半年，由候補知縣楊葆初（前輩楊壽昌字葆初，亦湖北知縣，此人名葆初非一人）督造，佔地甚寬，建築全為西式，耗帑銀數十萬兩。法院成立，有人檢舉楊葆初工程舞弊，地方廳訊實判貪污罪。大家都說楊在自建的法庭受訊，自建的監所守法，可謂自作自受。

任職漢口武昌地檢廳

梅公未任廳丞之前，兼任湖北法政，湖北高等巡警兩學堂監督（皆省立專科學校）。我在兩校教民法，頗得學生稱許，因此見知梅公。法院創辦，參加籌備一切，成立後，任漢口地方檢察廳檢察官，這是我第一次入司法界，也是此廳成立首先到廳第一個人。而且開辦那天，就發見司法警察向告狀人收規費（那時人員不夠，調用漢口行政警察，他們老習慣如此），馬上開偵查庭，收押起訴，又算此廳的第一次偵查起訴的檢察官，這些都值得紀念。

我任漢口檢察官不到兩月，湖北出了一個轟動一時的訟案，是漢陽縣民黃長生同他的傭工黃旺被控共同用強輪姦少女李艾弟。按照清律，強姦再加輪姦，是不分首從都處斬罪的。漢陽縣知縣屢訊無供，拖了一年多不能解決。被告上訴提法使，交發審局覆訊。（法院未成立前，行政官都兼司法，他們無暇親訊，故在省城設發審局，在候補知縣知府內，遴選長於訊案的幹員為發審委員，凡上控督撫及提法使的案件，就發交此局訊問。又有上控到大理院、都察院、刑部等「所謂三法司」，甚至上奏皇帝，「俗稱告御狀」，發交原省督撫訊辦的案子，也是交發審局審理。）法院成立，該局裁撤，案件由高等廳接收。這個案子，很叫高等廳刑庭傷腦筋。兩造各執一詞，原審刑訊，還無法取供，法院依法訊問，更難期自白。若輪姦、強姦是真，就有兩人處死。若是誣告，告訴人的反坐雖不至死，也要流三千里以外（清律誣告者，即反坐所控之罪），關係太大，報章競載，社會注目。梅公特調我到高等廳，任刑庭長，負責辦理此案。

我費了三天的時間，把高達二尺餘的全卷精讀一遍，對被告罪行，甚為懷疑。按卷載，兩造原有親誼，時相往還，李艾弟比黃長生年長三、四歲，被告主張係女先追求，通姦經年，已不計次數。李艾弟已許字於人，無結婚可能，日久事洩，族人大譁，主持者又與黃家有嫌隙，遂以整理族規為名，控於縣署，並將黃旺牽入。卷中被告黃長生歷次供詞，極其詳盡，對於李艾弟如何於打牌時勾引，如何成姦，初次如何，以後如何，真是歷歷如繪。李氏母女所供強姦情形，前後矛盾，尤其主僕共同輪流行強，更覺不近人情。姦案向難求證，舊例更是注重供詞，這就是經過三道機關，七、八個問官，將及兩年的時間，無法訊結的原因。我想他們既有舊情，不妨動以情感。歷來問官，都是聲色俱厲，動以威嚇從事，自然難於取供。於是先密訊被告黃長生，呼他於訊問時向李艾弟哭求救命，不可爭吵（前在縣署訊問時，兩造總是罵對方害人胡說）。並且隔離審訊，不許李母及黃旺在場，免得黃長生、李艾弟供時有所顧忌。果然訊至數庭時，李艾弟終於被黃長生痛哭跪求感動，供認受族人及其母威逼，必須如此誣供，以全面子，並報夙仇，此案遂終結。被告開釋，告訴人從輕處辦，所惜者教唆犯因李氏母女不敢實供，倖逃法網。李艾弟有未婚夫，不能與黃長生結婚，未免美中不足。

在刑庭時，還有一件大案，值得一記。舊制對死刑案件，甚為慎重。在州縣判處凌遲斬絞案件，就是被告折服，並不上控，也必須經過「招解」，方可執行。什麼叫招解？就是由縣解府、解道（本管分巡道等於從前的行政專員）、解司（按察使司即提法使），每次都要問供，如果與初供（初審定案時的口供，不是到案時的初供）無異，犯人劃了押，就算這道衙門的招解完了。若果不對，就叫翻供，照例是發回原審再問。解到司裡，都是交發審局辦的，司裡完了，就呈報督撫轉咨刑部秋審處覆核，於每年秋季上奏，奉旨核准，再由原審執行。定章如此，原是重視民命的好制度。但是日久弊生，招解的「解」字，到還實在的解，「招」字呢，滿不是一回事，是由原審州縣的刑房書辦專辦（專辦訟案的吏員等於法院的書記官，但是前者比後者權大多了，其中頗有能者）。將初供照錄多份，每解一處，就由該處的值堂書辦，照讀一遍，再由問官問他，「你的口供對不對」，被告說，「不錯」，就叫他劃押，此案就算在所解的機關了結，然後再解別處。

高等審判廳接收發審局的未結案件，招解案件，也在其內。有一天，看到一件嘉魚縣的京控發回經原縣判處斬立決的招解案件。事實是這樣的，距嘉魚縣數十里地方，有一座古廟，並無住僧。一天大雨時，有一孤客被人殺死在廟內。第二天有過客發現，報縣查緝，久無著落，被害人家屬追訴甚力，縣署拘了嫌疑犯，訊無供證，也就放掉。苦主不服，屢次上控，拖到三年，後來上控到都察院（略同現在監察院），奏交湖廣總督，將該縣官摘頂（就是摘去官帽上的頂戴，如同平劇內摘去紗帽一樣，是初步懲戒並含警告的意思。受了這個處分的，照常任事，但穿禮服的時候，禮帽上就是一個光帽梁，沒有頂子了），限三個月破案，逾限撤職留緝（就是免了官還不能離開，留在原縣緝犯）。這個文書行到原縣，未到限期就緝到正犯。供認因避雨廟中，遇見死者，看見行囊頗重，起意謀殺，劫財逃匿。查獲後起出兇刀，並有血衣，供認確實，依謀財害命律，擬斬立決（清律斬罪分「立決」、「監候」兩種，辦法不同。「監候」是監禁，是如上文所說候秋審處決。如遇皇帝未勾決時，本年免死。三決未勾，即可減刑。「立決」是不候秋審，由刑部專案奏聞請旨，即行就地正法）。由縣府層解提法司，招供無異。

我詳閱卷宗，覺得此案三年不能破獲，一經京控發回，勒限緝兇，不到一月，就緝獲正兇，怎麼這樣巧呢，其中恐有冤屈。提訊時，見那被告，才十九歲，瑟縮可憐。對招解的供詞，承認無異，叫他口說一遍，順口答覆，如同背誦。我越起疑心，再三開導，仍說並無冤枉。但是臉上顏色慘變，目淚欲流。查其證物，均未隨文解到，姑命還押。令調兇刀血衣，不久解到，提堂覆訊。察驗血衣尺寸寬大，與被告身量不合，令其當庭試穿，衣長過足，因是決定證物不實。對被告婉言力勸吐實，保證決不發回原縣。故被告才痛哭呼冤，據說，根本未到過古廟，不識死者，自然更談不到殺人劫財了。問他為何歷審都直供不諱，據說出事那天，他曾在山腳經過，因離家不遠，冒雨於午夜跑回家中。偵緝捕役，查知他曾過該處，回家時衣履盡濕，認為可疑。拘回嚴刑拷問，死而復甦者數次，只得在預寫的供詞劃供，兇刀、血衣都不知是什麼地方來的。定案後，書辦叫他把供詞讀熟，以便招解，如果翻供，發回後定立斃杖下，因此解府、解道，都不敢實供。於是案情大白，判決無罪，原審官吏，照例懲處（清律誤判死刑者，原審官懲罰甚重。已執行者，竟須議抵「絞監候」，未執行而昭雪者，亦擬徒刑。失察之長官，「本管知府巡道、按察使、督撫」分別降級罰俸）。這是我在高等刑庭一件很痛快的事，可惜我的日記，武昌起義時毀於兵火（是時我家駐兵，書箱數十口全毀）。今只記得大概，日子太久，被告姓名及其他詳情都不記得了。

之後，我奉調武昌府地方檢察廳檢察長。上面已經講過，那時是武昌府治下十縣為管轄區域，故不稱武昌而稱武昌府。如漢口、沙市、宜昌三處，就稱某處商埠審判廳或檢察廳，不加府字。

我先君以前是張文襄的督中協，又兼長江一帶緝匪事宜，部下有許多偵緝人才。長江的匪徒，大的如匡世明等，徒黨很多，殺人越貨，行旅受害不堪，清廷諭長江五省督撫懸重賞緝拿，多年不獲。先君到任後，不到一年，全數就捕，長江肅清。我因先君故後，曾短期代統水軍，這班緝捕幹員，也繼續受我指揮，上至鄖陽，下至漢口，這一條漢水，二千四百餘里，也曾發揮過作用。現在受任檢察廳長，按當時審判廳試辦章程，也如現在可以指揮司法警察官，自動檢舉。那時收了前武昌府的積案甚多，除有告訴告發人的案件，督率檢察官偵辦外，尚有許多無頭命案及搶劫重案，尚未破獲的，本來應由江夏縣知縣捕快捕緝，法院並不負破案之責。我那時年輕氣盛，任事甚勇，就招集先君一般緝捕舊部，成立特別司法警察隊，捐俸發給川費，上溯川江，下達寧滬，購線懸賞，隨地偵緝，結果多數命盜案件，由這些幹部破獲，一一起訴審判廳，處以應得之刑。當時鄂省輿論，覺得洋學生也還能與老州縣一樣的辦命盜案，頗有出乎意外的好評。

我喜歡微服入市訪問民情，有時大街上遇有恃勢欺人的事情，往往取出司法警察指揮證，指揮崗警，逮捕現行人犯，這是審判方面同事所不能做的事。有時引起行政當局的反感，好在梅公兼提法使，總督甚為信任，他又曾任巡警道，一般治安當局，都甚敬佩，梅公既加支持，他們雖然不滿，也只好腹誹而已。

彼時審檢對立，與民國後仿日制於法院配置檢察官制度不同，因此檢察官對審判的監督，頗為認真。監獄看守所，均受檢察官統轄，推事收釋人犯，必須檢察官簽署，如不同意，法警即不予執行。檢察官蒞庭，亦甚認真，蒞庭者必為原起訴之檢察官，自起訴至判決或上訴，始終其事，決不輕易換人。所以檢察官對所辦案件，甚為熟悉。論告時絕無籠統說一句請貴庭依法辦理完事。蒞庭也必與推事同來同退，絕無中途退席之事。不但武昌如此，湖北全省高地初級共十八廳（省城、漢口、沙市、宜昌）都是這樣，檢察職權，可以充份行使。又因分立之故，界限分明，不聽見有審檢兩廳不和常常鬧彆扭的事情，似乎比現在制度，要好得多。

武昌任內，並無特別可記之案，僅有一小案，值得一記，也可為我少年好事的懺悔。江蘇嚴家，為武進望族，有嚴氏中子，以縣佐在鄂候補，娶妻甚美。嚴紈袴失學，聽鼓多年，並無差使，好在祖業尚豐，常由原籍收租易款，匯寄供用，生活亦尚優裕。其表兄韓某，亦鄂省候補微員，私於嚴妻，其日用生活，均取之嚴宅。嚴某庸懦懼內，惟其所為，其親族及江蘇同鄉，目視嚴氏財產竊運殆盡，大家都不服氣，但是本夫無辦法，外人也不能越俎代庖。檢察廳的主簿（即副書記官長）張源生，也是嚴某的表親，談起來嘆息不已。我那時也覺不平，恰巧嚴某到廳告訴，我到了半夜，帶了法警，並電調行政警察多人，由嚴某引路，到他家逮捕姦夫淫婦。到了嚴家，嚴妻同韓某並臥客廳坑上（從前客廳都有火坑，如今之長沙法，客來，即請上坑）。吸鴉片烟，遂捕回廳中訊問。韓某及嚴妻均堅決不認姦情，盜運財物，亦無證據。嚴某見妻，即跼蹐不能言，幾乎要不承認告狀。彼時我頗覺此事做得有些冒失，姑且收押。第二天再問，仍無供證。結果韓某按職官吸烟依清律處徒二年，其候補從九品，呈提法司轉督署咨部革職。嚴妻吸烟，處八等罰（清現行律）。此案幸而目睹男女為吸烟的現行犯，以烟具為證，依法分別處刑，不然通姦雖有本夫告訴，但並無確證，竊運財物，因嚴某平時縱容，無賬可稽，也不好辦罪。雖然此案轟動一時，武昌官場，尤其是江蘇同鄉，咋舌稱快，嚴妻經過這一場風波，也就與韓某斷絕往來，嚴某家庭得以安全，但是個人事後想來，未免有些鹵莽從事，幾乎無法收拾，這也是少年好事的一種教訓。

檢察廳的司法警察，是考取中學生經過訓練補充的。司法警長程威亞，副警長陳捷蕃，都是訓練成績最佳的，頭腦清楚，辦事幹練。程於革命後轉入湖北法律專門科學校畢業，屢任省會及漢口商埠警察局長，近已來台，開業律師，年已六十有七，是我們人中最老的一個。陳捷蕃在民國後，曾隨我創襄陽高等分廳，近來無信，恐怕陷入鐵幕了。

湖北法官養成所

湖北第一期開辦法院後，其第二期計劃，係規定逐漸於各縣普遍設立審檢廳。因需用法官、書記官等人材甚多，法政專校，畢業年限甚長，緩不濟急，當局計劃開辦法官養成所，短期速成，一年畢業，以便第二期法院成立分派職務，提法使兼高等廳丞梅公主張甚力。我以為期限太短，未免粗製濫造，建議畢業期限至少以兩年為準。梅公不許，即日開辦四所，第一所設官立行政研究所（此所學員均係湖北候補州縣佐雜人員），梅公自兼所長及教務長。第二所設私立法政，由我兼任所長。第三所設公立法政，由高等審判廳庭長盛廉生兼任所長。第四所設江漢法政，由省諮議局議長湯化龍兼所長。每所學員二百人，每月學費十元，全年學費於入所時一次收足（這是一個虐政，每一學生，要一次交銀元一百二十元，家況寒微的，簡直沒有辦法，借貸典質的甚多，我無法匡正，內心自疚），各所講師，即就該所所在的學堂教授兼任，教課也還認真。但是把法政專門學校三年的功課，縮成一年，無論怎樣趕工，也難造成一個法政人材，還不是從前日本替中國人辦的法政速成科一樣的，畢業學生，略知一二法政門徑而已。幸而辦得不久，革命即起，一切學校都停辦了。這個養成所，到民國初元，經由監學毛文彬向湖北省署交涉，四所合併改為法律專科學校，三年畢業，原有學生，一律改為專科學生，受專門教育，後來倒很出些人材，還沒有用一知半解的法政知識，來南面臨民，誤人誤國，也算稍贖我們的罪愆。

第四章　由二十九歲至四十六歲

（宣統三年武昌起義後至民國十七年秋）

任職司法署地審廳

算起當年在湖北司法界，時間並不長。辛亥革命後，我同湖北高等險察長黃涵之先生到上海，參加陳英士先生的革命工作。我們攻入上海縣衙門，在當時革命軍的上海民政總長（由李平書出任歸江蘇都督管轄）之下，把上海分成兩個機關，一個民政署，推吳懷疚先生為民政長。一個司法署，推涵之先生為司法長。這就是民國上海司法獨立第一聲。司法署設正訓裁判員，我任正裁判員，前漢口地方審判廳長戴邦楨先生任副裁判員。尚有印象的是，我的辦公桌，原是上海縣正堂的簽押桌，紅木做成，價格約五百元。在那上面，我曾經辦過一件頗不尋常的案子，早年的上海人多知道。

先是南市小天台和尚聲名不佳，經人告發，當地裁判分所裁判員審理結果，逐僧封寺，並加沒收。寺僧不服，上訴前來，我覺得裁判分所處置未當，飭其恢復小天台原狀。批示全文長約千餘字。略憶其中有云：「胥天下之廟宇而盡予沒收，胥天下之僧尼而盡予還俗。痛快誠痛快矣，其如國法何，其如人權何。」代表寺僧方面律師為狄巽公（梁孫），經辦此案勝訴，聲譽大起，律務蒸蒸日上，大發其財。

不久，司法署改為上海地方審判廳檢察廳，黃公任廳長，我及戴公分任民刑兩庭長，同時兼初級審判廳監督推事（那時是四級三審制，初級廳附設地方廳內，庭員都是兼任）。法院已具規模，律師制度自然就乘運而興。

律師制度肇始

說到律師，是始於上海租界會審公堂，但也只有外國律師，內地是沒有的，有的就是訟師，不客氣的話，就叫訟棍。按照當時適用的大清律例（新式法院用的叫做大清現行法，是修訂法律館（當時立法的機關，沈家本主管、日人岡田朝太郎為顧問、大清新刑律即出於此）將舊清律刪訂而成），凡事不干己包攬詞訟者，不問所控虛實，流二千五百里（就是充軍）。比現在的刑法第一百五十七條的包攬訴訟重得多。宣統二年，我任湖北高等審判廳刑庭長，辦過一個無惡不作的訟棍，就是引的這一條律，把他發配遠省。現在我們誰不是事不干己的管人家閒事，想起來不禁好笑。律師既是法院產物，那時上海一般法律家（包括法官教授）發起中華民國律師總公會，各省設分會，發起人記得有金范澄（泯瀾）、狄梁孫、陳則民（後來做漢奸的江蘇省長）、秦聯奎等人，我也是發起人之一（那時不限於現充律師的人，況且我早已領有湖北革命政府的第一號律師證書，其時民國還未改元），隨即成立上海律師公會。

中華民國成立，政府北遷，即有律師章程公佈，律師限制不嚴，記得一、是法官辭職，就可充律師，並無卸任幾年後的限制。二、是並不限期迴避任官地方。三、是登錄以二高等審判廳管轄區域為限。人既不多，區域又廣，社會上以西洋律師為標準，來待遇本國律師，所以身價很高，營業也易，律師流品甚純，當事人對律師異常尊重。法院方面，尤其優待律師，重視律師的意見。案情複雜，法律有問題案件，辯論可以延到兩三庭。刑事案件，檢察官絕無缺席，或讀完起訴書就走的事。檢察官與辯護人往復辯論，異常熱烈，庭上吵得臉紅筋脹，退庭再寫意見書爭辯，乃是常有的事。從未見有辯護人的辯論，沒有對手，有論無辯。若有下級檢察官起訴的案件，上級檢察官必定詳加審查，決定是非。認為不當時，往往撤回，認為適當時，必於蒞庭時盡量主張。在律師的方面呢，大都依法營業，自己尊重，未聽說因詐欺，遭刑事追訴為貪利，也未見唯唯諾諾，甚至口稱「明鏡高懸，庭長明鑑」，等等肉麻的話（筆者抗戰在川時，親聆其語，可指其人，並非虛造），那真是司法的黃金時代。筆者在當時堂上（民刑庭長）、堂下（律師）都坐過，所說都是親身經歷，如今談起來，不禁白頭宮人閒話開天故事之感。

在江浙高審廳

我在民國二年夏天，辭去上海地方審判廳民庭長職，在江浙兩省高等審判廳管檔區城執行律師職務。總事務所設在上海，在南京和江蘇的鎮江、蘇州、無錫、常州、松江、金山，浙江的杭州、嘉善、嘉興等處各設分事務所。對各地分事務所，律師並不出錢經常維持，由當地自願合作之書記代設，訂好約，論案件拿扣頭。松江的壽品芝，便以其家作為事務所。他父親曾作過縣丞之類小老爺，在當地有田產，家中備有電話，也算中等人家。他經辦金山姚姓一件死刑案，不得要領，聞我在上海聲名，願以八百元公費，找我到他家代理訴訟。其時松江地院院長袁希濂，為我日本法政大學同學，檢察長朱書樓，亦素識。我接辦姚案，在公堂上與他們兩人辯論，到最激烈時，僅差動手打架而已。有一次，我的咯血宿症，當堂發作，我一面吐血，一面吃藥，一面仍繼續進行辯論。這樣律師，松江人認為從沒見過。我的聲名，因此在當地大振。

上海會審公堂，是領事裁判權的產物，分公共租界及法租界兩處，清時就有外國律師執行職務。兩租界分英美、大陸兩種法系，各行其是，中國律師，很少登錄。公共租界外國律師登錄，多半是香港註冊的。法租界限制更嚴，好像沒有中國律師。但我也在公共租界登錄。記得先是不准登錄，後來拿日本法律學士的證書去呈驗，會審公堂的檢察處（不是現制檢察官機關，等於書記官長，限於英國人充任）說，這是在他（指律師）留學的國家有學位的（其實並非學位），准其登錄，於是得在租界公堂出庭，頗為同輩所羨妒。其實領事主審，中國會審委員，無權主張。其制是中西官各有一張堂諭（如今日審理單後所寫推事諭如何如何，並無判決書），管執行堂諭，是西籍檢察處捕頭（即警長），中西官意見相同，固無問題；若意見不同，中西堂諭不同，那麼，捕頭以英文堂諭為準。譬如中諭收押西諭釋放，捕頭即任被告徜徉而去，中國會審官毫無辦法，中國律師更難主張，所以我也不願意受理會審公堂案件，省得生氣。但是記得有一件事，卻得了在租界登錄的好處。

我有個留日的同學，湖北人余鍾秀，字調生，我律務相當多，又兼任中華法政大學、民國法律學校的教授（伍廷芳先生任校長，我教民法總則約年餘），忙不過來，就請余君幫忙，有時代課，有時代庭。他那時還未結婚，因他的老母胞姊，住在英租界。有一天，我才起床，他姊姊慌慌張張到我家，說調生被英捕房拘去，就要解到公堂。問什麼事，據說他隣居是本地人，時常虐待婢女，那個丫頭才十二、三歲，挨打不過，常常到余家哭訴。老太太心慈，怕她尋死，安慰她。有時到間壁勸勸她女主人，或者看她餓不過（常不給飯吃），就叫她吃碗飯。昨夜這個女孩，打破一雙飯碗，怕打就跑到余家廚房炭堆裡躲起來，余家並不知道。隣居不見婢女，料定在余家，就問他家要人。他們既不曉得，回他未見。隣婦暴跳如雷，帶了僕婦，到余家搜尋，居然被他在廚房找了出來，就指余家誘拐婢女，馬上打電話到捕房。捕房當夜就來余家查詢，也認為調生有重大嫌疑，今早就來把他帶去，說就要解過早堂。

我打電話給我的英文翻譯趙君（會審公堂出庭的律師向例自帶譯員），催他快起來，到新衙門碰頭（上海管會審公堂叫新衙門，大約是從前公堂初建的時候土人的俗稱，以別於上海縣衙門）。隨即趕到公堂，中西會審官已經開庭問案，等到翻譯來了，我們上庭到旁聽席坐著（那時並無律師休息的設備，律師都是先到旁聽，問到本案，才到律師席，以後成了習慣，上海會審制改革後，臨時法院以迄特區地方高等法院，雖有律師休息室，但大家都還是先去坐在旁聽席去等）。那知余調生一案，已經捕房律師以誘拐罪控訴（英美制警署設國家律師，似現在的檢察官，代表國家提起公訴），英領事（會審洋員向來是領事或副領事充任）正在訊問。調生既不懂英語，公堂翻譯也翻得不好，以致他的答辯。詞不達意。英領既先聽捕房一面之詞，以為人證俱獲，犯罪無疑，當即諭令收押，照誘拐辦罪，正在寫堂諭。我見事已危急到千鈞一髮的時候，來不及從正面入庭，就同趙君從旁聽席，一躍越過木欄，跑上庭中（公堂的旁聽席是長形，從旁進堂上庭要繞由正門，相當費時間）。值庭的中西巡捕大吃一驚，以為出了什麼鬧堂的事情，都趕上來拉扯。我大聲說「我是律師」，翻譯也大聲說，「Lawyer! Lawyer!」（英語律師）巡捕立刻放手散開，英領也立刻擱筆停書。中國會審官關炯之，是我一八九八年武昌博文書院的同學，雖無深交，總算認識。加之中國會審官對中國律師比較同情一點，所以當時他也阻止英領稍緩下諭，問明再說。我就乘機大放厥辭，痛數告訴人平常如何虐婢，以致婢女因細故畏死，不能不藏匿隣家，被告係高等人士（此係租界上慣語即英語之紳士Gentlemen），現任大學專校教授，絕對不會誘拐人家婢女，並請庭上訊問我帶來的證人（即余家另一隣人，我叫余家去邀來的）。英領如請訊問，證人詳供告訴人家虐婢不虛，常聞拷打悲哭的聲音，婢女常受凍餓。當時捕房律師（西籍）在旁，也聽見供證，自知不該偏聽一面之詞，冒昧控訴，啞口無言。於是案情就一百八十度的轉彎，中西官會商之下，宣諭被告釋放，並不交保，告訴人申斥，以後不得虐待婢女，否則由捕房拘送公堂法辦。調生下庭，就向我及翻譯再三致謝，他說：「如果你們遲一刻鐘不來，我此刻已在提籃西牢內了，我名譽前途一切都完了，只好自殺。」（調生後來歷任法官，抗戰時任四川第三高分院首席，後調院長，聲名甚好，可惜也陷入鐵幕，不知怎樣了。）

宋案發生與法界三君子

我在上海任律師這一段期間，國內政局動盪，正碰上駭人聽聞的宋教仁（漁父）暗殺案發生。上海地方審判廳長是黃涵之先生，地方檢察廳長，是陳英（松生），承辦檢察官是黃鎮磐（石安），被害人方面律師是金泯瀾。金君是我的老同學（日本東京日本大學），這個人性情爽直，甚有骨氣，敢於挺身任國民黨方面律師，與當時政府對抗，甚為人稱道。陳松生、黃石安，都是日本早稻田大學學生。宋案直接下手的兇手武士英被捕後，即有人來請我作武的辯護人，並準備為應夔丞（即應桂馨）掩護的策略，出到三萬元的公費，我拒絕了。後來改請留美的楊景斌律師擔任，楊以後頗受輿論指摘，同輩訕笑，聽說報酬才五千元。

我雖在野，但當時法界有什麼法律上疑難的問題，往往以私人交誼關係，來找我研究。黃石安是我的老世交，尤其誼兼師友，一天同陳松生來商量宋案問題。我說，我不覺有問題。他們說，這話怎講。我說，你們已經偵訊過幾次，又搜集過許多證據，當然案情明若觀火。依法辦理，有什麼問題。譬如說，「甲」殺了「乙」，「甲」供出受「丙」的賄買，又依查出書證，知道「丁」有指使「丙」的嫌疑，並且「丁」是受「戊」的教唆，更發見「己」有全案造意的嫌疑，有人證，有書證，「甲」（武士英）已在押，「丙」（應桂馨）已拘傳，其他的「丁」（洪述祖）已在逃，惟「戊」（趙秉鈞）尚未作若何處理，「己」（袁世凱）更未談到，若不是本案，而是尋常案件，是不是應該傳案訊究。他們說，當然。我說，我們做法官的，應該只看見是被告甲、乙、丙、丁，不應看見是張三、李四，這就叫做對事不對人呀。黃說：「你的話不錯，但是教唆犯趙秉鈞遠在北京，如何辦呢？」我說：「將傳票移請該管地方檢察廳依法傳喚好了。」他說：「他不送呢？」

我說：「飭傳是我們的事，協助是他的事，他要不執行，再依決移催呈催好了。」

後來黃先生，也主張依法處理，才有票傳趙秉鈞的事。這在古代同外國，並不算一回事，但在那個時侯，不能說不是大膽的作法，各方面的威嚇恫喝，可想而知。且其時，袁世凱聲勢煊赫，爪牙密佈，黃金於前，白刃於後，手段毒辣，人所共知。可是黃廳長從中主持，陳、黃兩人一切不顧，以後究竟一干被告如武士英、應桂馨、洪述祖都明正典刑，趙秉鈞、袁世凱身被天誅，總算無漏網，想來宋先生也可以瞑目了。

經辦宋案的法界三君子，陳松生、黃石安、金泯瀾，同我都是至交，黃君更有世誼，所知較詳，陳君無子，黃君子不肖，誠恐三君行誼失傳，特附記，以闡幽光。

陳君名英，字松生，偉岸英俊，南人北相，擅書能詩，湖南長沙籍，日本早稻田大學畢業，好像是政治科，清宣統二年法政科舉人，清末即加入民黨。湖北創辦法院時，黃涵之先生任高等檢察長，派任高等檢察廳檢察官。民元任上海地方檢察廳廳長（繼江蘇人張君之後，非該廳創始人）。其人性情豪爽，篤於友誼，對黨極忠實，宋案可見骨氣。癸丑討袁軍起，上海獨立，被推為上海地方審判廳長。討袁失敗，亡命內地。國會非常會議集廣州，大元帥府設士敏土廠，松生時任廣東地方審判廳長，因政府需款，向法院挪借公款三萬元，給券為憑。嗣後莫榮新為粵省長，松生去職，交代中缺此數。莫本與民黨反對，因此款係接濟非常國會及中央政府的款項，派兵押追。松生盡其所有，連木器什物，一並賠出，始得成行，憂鬱成疾，回武昌即病，不久遂死。

松生在武昌曾一度執行律師業務，漢口名妓鳳仙，曾大魁花選，美冠全省，嬌貴異常，愛松生，委身事之，自入陳家，即不入交際場，事姑盡孝，大婦早逝，仍執妾禮，不敢稱正室。松生卒後，無子，鳳仙誓不他適，撫族人子為嗣，以女紅所入養衰母，其節孝為友輩所稱。余供職國府，曾受陳氏託，持王儒堂先生署名之借券（廣州借款負責人）代為主張，迄未得償。抗戰軍興後，聞陳府遷回湘省，音信遂絕。此一愛國家有骨氣敢擔當的法律實務家，竟因公負累，不堪經濟壓迫憂鬱而死，可哀也已。

黃鎮磐字石安，原籍直隸（民國改稱河北省），父為北省名武師。清光緒十六年，張文襄公由粵調鄂，頗提倡國術，幕中武師甚多，黃老亦其一也。先君時任文襄中協副將（相當今之副官長兼警備司令），黃老以偏裨隸麾下。筆者尚在髫齡，從習拳術，故與石安有世誼。黃老八十餘，一飲盡白酒兩斤，酒後揮刀若風，鼓氣時使壯夫以刀砍其臂不可入。石安能一傳其技，但不示人。同事十年之友，不知其能武也。黃老卒，石安襲其職，謹事先君如其父，時字岱青，後入湖北籍，始改名鎮磐，號石安。清光緒癸卯，我為民黨機關報《民報》在武昌分銷，設震亞書社於察院坡，中華書局創始人陸費伯鴻時在鄂頗困，我援之，任為經理，其弟仲興為店員。石安見獵心喜，亦在橫街頭設新學書局售新書，借伯鴻去擘劃開業。不久，同業蒯麗臣所設教育普及社，被查封，蒯入獄，我亡命出國，石安亦廢業入貲捐縣佐，以官費留日，入早稻田修法政。畢業回國，應留學生考試，與陳松生同年，後又同為湖北法院檢察官，故兩人益相得。松生長上海地方檢察廳時，薦石安為檢察官，同辦宋案有聲。又因與審判廳長黃公聲氣相投，得罪當道，去官在滬執律業。後以為人擔保賠累破產，走廣東，任獨立政府高等檢察長。國民政府成立任最高法院刑庭長。抗戰時，在院資望最深，性又剛直，為當局所忌，勸誘其退休，許以給一次全年俸，並有年金，石安惑而從之，遂自請退休。既而所許者皆無著，乃大悔受愚，鬱鬱疾終於滬。有子不才，不克繼其業，藏書亦散失盡，其餘更無論矣。

金范澄字泯瀾，浙江紹興人，年長於我。其一生兼為革命家、詩人、律師、佛教徒、與乎神經病。早年留日，與我為日本東京日本大學老同學。在校甚用功，日語極流利。嘗閉戶讀書，自為問答，故同學戲呼之為金瘋子。其人外表瘦長，額寬廣，腦又不甚大，喜蓄日式小鬍子。記誦淵博，思想極發達，惟身體較我尤弱。歸國後，我們並為北京遊學生考試之同年。泯瀾得中舉人。後來我回湖北法界工作，彼亦歸浙，一度任寧波地方審判廳廳長。浙江在清季，設有公私兩所法政學校，泯瀾以浙籍留學生，曾執教兩校，且為名講師之一，故其門牆桃李，遍佈江浙法界。彼當律師後，在法庭上，居然向推事質問，我同你上民法，是怎樣講的，並常因之勝訟。亦可見其神經病到如何程度。承他美意，邀過我到浙江教書，但我始終未去。民國二年，宋案發生，泯瀾以律師身份，代表被害人宋漁父先生，訴之於上海地方檢察廳，步步訴追，絕不放鬆，因而有上海地檢廳票傳趙秉鈞之空前舉措。宋案無結果，泯瀾後乃專在杭州執行律師職務，設事務所於下城蒲場巷，一度被選為杭縣律師公會會長。民國十八、九年，泯瀾在杭州徐村下置地數十畝，名其山曰「無涯崗」。復以此意勸我，我從之，亦在附近買茶山六十畝（山主為應品森），名之曰「松蔭崗」（紀念先義祖劉松生之意）。其地正當九溪十八澗處，翻過山去，即為「雲棲」蓮池大師道場。在無涯崗，泯瀾曾築室居住，後遭匪洗劫一次，驚惶下山，遂不復再去。經他促成的吾家「松蔭崗」，我旋轉讓給許公武三十畝，僅剩下一半，交應家經理，我也一直很少去過。泯瀾到晚年，酷好杯中物，醉中輒罵人，與他辦理宋案時的精爽相較，常令人不勝今昔之感。

蘇滬法界大風潮

宋案之後，另有一事鬧的不小，也是由我而起。黃涵之先生任上海地方審判廳廳長，我們關係不同，一直時相過從，廳內一位名叫任琴父的推事，在外吃花酒，事聞於江蘇高等審判廳。廳長為楊蔭杭，適逢司法改制，上對下可以命令行事，楊蔭杭遂以命令警告任琴父，並深斥黃廳長約束部屬不週。涵之先生對楊蔭杭根本輕視，不予理會。我因正當壯年，遇事喜動意氣，從旁甚覺不平，由我撰稿，具涵之先生名還罵，油印散發全蘇各法院，事情遂擴大。楊蔭杭一怒之餘，下令上海地方審判廳全廳改組，連廳長以下通撤掉。但檢察官陳英，以其無理，簽請司法部處理。司法部派了兩位分事，一為沈應石，一位姓陳，查辦此事。其間章宗祥、曹汝霖原為楊蔭杭生死之交，竭力袒楊，而司法總長許世英（靜仁）則主秉公從事，兩方爭執頗力，結果由司法部下令斥楊蔭杭措置失當了事。以後據傳，有人對章說，「謝某是個人材」，章說，「角色是角色，但我對他有成見」。這事過後，涵之先生掛冠而去。我仍繼續作我的律師。

談到當時律師界情形，趁這個機會，我可附帶講上幾句。現在的律師，都稱某某律師，有時候口頭稱呼某某大律師，不過是交際上客氣的話，自稱及招牌上的字樣，一律是律師，無大小之別，若有人自稱大律師，或招牌上寫明某某大律師，一定傳為笑話。殊不知民國初元，上海律師，無不自稱大律師。登報及招牌，也一律稱大律師，竟沒有一個律師，不加「大」字稱號。什麼緣故呢，因為中國律師起源，是仿照在上海開業的外國律師而來的。上海律師以英租界為最先開業。英國律師制度，原分大律師、小律師兩種，小律師只能辦初審輕微案件，大律師才能辦終審重大案件。並且有許多案件，不能直接就委託大律師，要由小律師轉送大律師，儼然成一階級。中國律師並無這種區別，但既在上海開業，相形之下，誰肯自居小律師，於是每一律師，都稱大律師，招牌上也仿照外籍律師的式樣，銅質橫式，中西兩種文字並列，這就是大律師稱呼的起源。

說起西文大律師名稱，當時相傳一個有趣的故事。有一個律師事務所，忽然來了一位高帽燕尾服的外國人拜訪，名片上是某某大律師。（英文Barrister）這位中國律師不通英語，從沒有外國朋友，弄得莫名其妙。見面一談（當然通譯傳話）才知道這位外國來賓，是英牛津大學的法學士，現在香港作律師，有事來滬，見了此地律師招牌上，多半寫有英文Baristerr字樣，以為是他的同學，因為英國牛津大學出身的律師，才稱Barrister，所以誤認。經解釋之後，才嗒然而去。嗣後好多大律師，都將英文名稱，改為Attorney，不稱Barrister，以免外國同學，再度光臨。後來我第二次到上海做律師時，就很少有人掛大律師的招牌了。那時（民國九年）上海律師公會，相當負責，對律師風紀，甚為注意，除名刺外，其他登報啟事及招牌字樣，不准於律師上加任何標榜文字，甚麼博士，甚麼前任某某官職，某某教授等等，都在禁用之列。現在譏諷人的，動輒說是海派，不知當時的海派，也還不是烏烟瘴氣的呢。

外籍律師，收取酬金，多數是分收性質，即是按件取費。總收包辦的辦法，好像不大聽見。中國同業，最初大半仿照外籍的辦法，談話、出庭、撰狀等等，都分別按時間、次數、件數計算。其辦法，談話是每次現付，具他工作是先交保證金若干（有保證人的也可免予先交），到了相當時期，多半是保證金將完，或到每週末（西例）、月底（中例），就由律師事務所開單計算，多退少補。但是中外風習，根本不同，外人重法律，中國重情感，外國律師不問委託人有無交誼，總是公事公辦，照章取費，毫不通融。中國人總覺得面子上不好意思，對陌生的人還好，若有絲毫關係，就很不便收取談話費，以及按次計算，如像西洋夫婦吃包飯坐電車，各開各賬的作風，我們實在追不上。就是委託人也覺得，分收辦法既麻煩，又不便計算這一場訴訟要多少費用，因此趨重於總收。以後中國同業，也就逐漸將分收辦法取消了。

但是中國律師而西化的，不是沒有。譬如我的朋友金泯瀾，他的事務所就有談話券制度。凡來見的，先要交大洋（當時通行幣是銀元）五元，買一張券，等於醫師的門診掛號券一樣，按號傳入，鐘點過了照加。又漢口律師張履鼇（美國法學博士，後來一度任南美某小國公使），也是全盤西化。有一天他的朋友宴客，席上談起報上登載某訴訟案件法律問題，主人請教他，客人也有幾位同他討論。到了第二天，同他談話的主賓，每人都收到一張帳單，上載談話費若干元。大家都很詫異。主人去問他，說我什麼時候同你討論法律。他說，「不是那天吃飯席上講的嗎。」主人說，「那是隨便聊天，並不是對那個案件討論。而且在座的人，也沒有誰與那個案件有關係的呀。」他說，「我只知道討論法律就照章收費，不問你們有無關係，不然，其他客人同我談閒天的，為什麼不向他們開帳單呢。」後來傳為笑談，見了律師朋友，都先說一句，不敢對你說話，怕帳單到門呀。

回鄂任襄陽高審分廳

我在上海作了一年多律師，教育總長湯化龍因舊日朋友關係，特保我作知事。我又從上海回到湖北。剛抵武漢，碰上湖北高等審判廳廳長周昭村，邀我到襄陽開辦第二高等審判分廳，出任監督，情意懇切。只好臨時改變原計劃，到襄陽去。分廳差事窮得可憐，每月薪水只有二百八十八吊錢，許多事感到棘手。比如應酬一項，有一次就曾遇上尷尬場面。當地鎮守使黎天才（後在洪憲時封過爵）邀宴，欲禮尚往來還席，大感吃不消。只好與高等檢察廳監督阮武仁聯名回請。結果，單是鎮守使儀仗隊開來一排，便近三十人，全體筵席招待，酒必白蘭地。那種場面，二百多吊錢如何肆應。加上高等檢察廳檢察長劉某，有位親戚在我處任職，因其刑訊，經人告發，查明屬實外，尚有抽改卷宗等舞弊情事。我立即呈報省方，撤職查辦，連帶便得罪了劉某。

經此兩事，深知襄陽分廳難幹。我回湖北本為要做知事，亟找高審廳廳長催巡按使「掛牌」（巡按使轅門公告調職令之意）。據知，最初內定調光化知事，頗為合適。但高檢廳劉檢察長想為他親戚洩憤，對我放了一記冷箭。他先到巡按使處，假意恭賀光化新任知事得人，又從反面敷粉說，謝某既在地方頗有聲望，不必開他玩笑，巡按使詫問其故。劉謂，光化縣歸襄陽分廳監督管轄，調謝某到所轄縣，成為本管屬員，非明升暗降而何。巡按使深以為然，遂改調我到秭歸。秭歸是三等縣，全年賦稅庫銀只八百兩，自然比光化不上。劉的詭計，終於得售。調光化消息，我預先得到，人事全部安排就緒。改調秭歸命令公佈，小縣容納不下原所計劃人員。於是我到秭歸上任前，所花資遣那批人員的盤費，便已上千。

任秭歸縣知事

我在襄陽分廳只留數月光景。民國四年到秭歸就任。在秭歸亦僅一年多。首先碰上裁減縣兼理司法經費。因司法係兼辦性質，經費不為上級注意。我據實呈明不宜裁減，所答覆為「事關通案，礙難照准」。但我覺得此事尚須斟酌。通電督軍巡按使、道尹、高等審檢廳各機關請示，經費、人員減少，是否關於司法案件可緩辦。女監經費裁減到如此之多，是否女犯可送入男監執行。關於婦女訴訟，是否今後暫緩受理。文長數千言，據理力爭。最後接獲指令云：「該知事出身司法，著有聲望，今後有關司法事宜，不妨從法理上研議，毋為意氣用事，有厚望焉」。

這件事情過去，另外值得一敘的，便是守城退匪了。當洪憲稱帝時，吳佩孚大軍過秭歸，由水路入川。川江險灘，多在秭歸境內，所謂「新灘洩灘不算灘，通嶺才是鬼門關」，吳軍過境約數萬人，其中有一運兵船傾覆，我命人打撈，得快槍近百枝，吳軍順水人情，全送給了我。秭歸自衛力量原甚薄弱，我接受了這批快槍回來，正好充實本縣民防。

接看，北洋廿四師一個團（或說兩連）譁變（即當時所謂的巴東兵變），我手下無兵，按形勢實無法抵抗。變兵又派人接洽借路，要到宜昌，保證對民間絕不侵擾。城中士紳惑於甘言，請我開城讓其經過。我知變兵奸謀，堅決不肯。一面電省垣派兵來援，一面閉城固守。警備隊力量，只百餘人。我利用吳軍所遺留快槍，親自率隊登城備敵，督率指揮。並出安民告示云：「地方治安，知事負責，並已請兵，不准煽惑。造謠生事，防害治安，立即格殺，決不容寬。」（此一告示係在城樓倉卒中草成，故未遑修辭潤色）。同時虛張聲勢，從庫中取出許多舊有旗幟遍插城上。夜間全城燈火通明，每隔二三小時，用土製「大將軍礮」，向城外陰陽山上，轟射一陣。如是者六晝夜不息，變兵終於莫可奈何。復聞興山開城被變兵洗劫消息，料其將向鄂北房縣、保康一帶逃竄，速即派兵出城攔截，俘獲約一連之多，餘悉潰散。

事平，士紳咸來告罪。我慰勉他們說，「我全家均留衙內，意即患難與共。如開城納變兵，請看興山結局。今後官民應如一家，為地方多盡力」。從此我聲譽頓起，成為全省公認幹員之一。

終秭歸之任，除因一通姦案，當事男女被其家族私下活埋致死，我將兩個倡議活埋首兇處極刑外，餘則未殺一人。但因厲行禁烟，得罪人卻不少。年餘治績，經上級考核，列為鄂西二十縣之冠。所可惜者，秭歸江南陰陽山，原始森林綿延數百里，無人敢入，貨棄於地。我曾約集當地人士籌組公司開發，章程本已擬定。適逢洪憲改制，兵連禍結，社會不寧，遂作罷論。

調任黃陂縣知事

民國六年，大約在八月，我調任到黃陂。黃陂是二等縣，全年賦稅庫銀約八千兩。等級上比秭歸自然算是調升。但該地素稱難治，向例是官未進城，告狀已先到省。當時王占元任督軍，他的參謀長何佩鎔兼省長，財政廳長是張壽鏞。到任前，我一次和張見面，他說，你在秭歸，有聲有色，該縣曾派代表來省請求免調，但業已調任，今後你將「何以治陂」，他的神情似極嚴重。我的答覆僅只一個字「拚」。到任後，我撰了一篇關防（本是觀風，重在課士以觀文風，後訛為關防）告示，文曰：

照得本知事，髫齡從宦，十餘年鄂渚驅馳，弱冠統軍，二千里襄河巡視。曾經滄海，學紹申韓，敢貢芭茅，門迎房杜。初掄文於學部，復對策乎大庭。分司大理名科，創辦武昌法院。暨乎辛亥起義，海上蟄居，應時局之要求，承大部之保薦。××鄂北，督司法於十三州，作令秭歸，管民政者六百日。（以下遺忘兩句。）我聞在昔，二程為百世所宗，民到於今，元首繫萬邦之望。人文既萃，天產尤豐。即知××方輿，正宜地方整理。菲才薄學，恐心力之難敷，聞過受規，願士紳之毋棄。至於下車伊始，防患宜周，為政不難，用人惟慎，豈無幕友，羅致皆謹飭之才，亦有僕從，××極關防之密。（最後四句結束，亦忘。）

前文所謂「民到於今，元首繫萬邦之望」，本於洪憲皇帝夢破，黎黃陂由副而正，繼任袁世凱之總統職位而言。黃陂成了這位總統的故鄉，當時黃陂籍的陸軍將官，在京在鄉的多到七十人以上，任師長實職的亦十餘人。以一介知事，要應付這般人，已不容易，更加上部份豪紳，倚勢仗威，黃陂難治的程度，可以想見。單是遠從北京總統府，藉用「一等電」來干涉訴訟的事，我也司空見慣，一直置之不理。有人以為如此做法，對黎總統不敬，得罪的人將更多。我的答覆是，凡屬該類來電，根本未看，內容如何，毫無所悉，一切秉公處理，但求心安即得。

某年歲首，在黃陂縣衙二堂（即審詢處），我曾經自撰過一付對聯懸掛，足可看出我辦案的態度。聯語云：

受半文，我不值半文，倘寸步有差，難逃民口。
多一事，爾寧少一事，非萬分無奈，莫入公門。

雖然如此，一度為的禁花鼓戲和禁賭，到底開罪了當地許多人士。黃陂花鼓戲內容誨淫誨盜，和上演時的魚龍混雜，影響善良風俗非淺。當地人對之愛好非常，我不顧一切反對，全力嚴禁，頹風終被扭轉過來。

為了禁賭，更遇過不少驚險。有一次在祁家灣，我率領衛隊抓賭，回衙途中，駐防軍隊可能庇賭，派兵一排，荷槍實彈，追截我的轎子和賭犯數人。最後造成雙方僵持的局面，轎子被攔在路上，我的衛隊槍亦上膛，形勢極緊張。我即當場，向那排長說，「你們無非為了賭犯，現在我不要，交給你好了。」截去賭犯後，我立刻趕到武昌，見王督軍面陳經過。由督軍勒令駐軍交還賭犯後把他調防。在軍閥橫行時期，地方官吏與駐防軍隊衝突，能有這樣上風可佔，也算罕見。

再有一件事，牽涉更為廣泛。諶家磯楊子機器公司總工程師王洸（王寵惠之兄），因細故下令廠警開槍，打死一百姓，畏罪躲入漢口法租界避風。經交涉後，我自帶捕快前往抓人。王臨時又躲進英巡捕房。人雖未抓得，已使王洸為之膽寒。過了幾天，楊子機器公司托北政府要人出面轉圜，並以貳千元，由財政廳金仍珠副廳長假借貸償還為名，經曾任端午橋祕書之陳毅致函送達，說是慰勞我，自然我拒絕了。後來是，地方人士籌集萬元，撫卹受害人，和解成立結案的。同時送我「鐵面無私」橫匾一方。這在專告官吏的黃陂，得來實非易易。

到了民國八年春天，在黃陂，又遇上像秭歸縣城被圍的同樣情形。先是縣城附近木蘭山上土匪，到黎總統家中威脅，敲詐壹萬元「助餉」。此事經人向縣警團隊密報，故土匪撲城時，我佈置已定。因匪來勢兇猛，為防不測，我並向省垣告急請兵，報告中有云：「南鄰鐵道，斷武漢之交通，東出黃岡，擾長江之行旅」，蓋匪情發展固可能如是也。土匪圍城三日，我從秭歸調任來時，攜有吳軍所贈部份快槍，約二十餘支，此際亦發揮了力量。當土匪攻到城門，我親臨戰陣抵禦，斃匪不在少數，因匪敗退時，隨將匪屍拖走，故詳細數字不悉。匪既潰，我並會同省城來援之民團剿滅之。這時，正規援軍廿師一部份，和騎十一師（師長姓曹）方到，大軍雲集，騷擾不堪，強佔民房、廟宇、拉夫等等，與土匪相較，僅只未搶劫而已。縣府手忙足亂，招待為難。軍隊聲言定要剿匪，不肯撤走。我遂派警備隊嚮導這兩部份隊伍搜索木蘭山，證明已無匪蹤，才慢慢調離縣境。這是我第一次感到應付兵比匪更吃力。這次守城剿匪，保案晉升人員，有警備隊長陶楠（號厚菴，四川人，湖北武備學堂出身。亦是守秭歸縣城時之警備隊長），副隊長毛希賢（文彬之弟），司務長蔣鴻賓（其叔父即先君座船舵工蔣成材）。案到陸軍部無下文。僅本人交國務院簡任職存記，另外省方以功保存記道尹（先補缺，後以道尹存記），並由內務部呈請大總統頒發一金質棠蔭章。

匪亂平後，我再三請病假。何省長批示為「時局多艱，如該知事之幹練，實屬相需甚殷也。」雖然，我終於離職，惟實際並未開缺。我急於離職的原因是，時逢齊耀珊二爺（齊耀琳之弟）任浙江省長，沈爾昌（曾任松滋知事和開辦湖北法院）作祕書長（後出任財政廳長），邀我前往任省府祕書。我到杭州後，立刻被派到山西考察「用兵政治」（六政）。

在山西，我桓盤約兩月之久，就表面觀察所及，當地人民生活尚佳，禁烟、禁賭、吏治、戶籍，均有相當成績。只是，閻錫山（百川）先生所高唱之「大山西主義」，與事實頗不相符。我會有機會訪謁，與之長談，以其自負一隅，未能著眼整個國家民族利益，當面諷之為「小山西主義」。時太原令為歐陽英（傭民），以後，廿四年在南京王太蕤席上，及卅七年趙龢（鳴九）宴會時，曾兩見之。其餘人、事，日久多遺忘了。從山西回浙江，對考察晉政經過，曾撰有報告呈齊省長，約萬餘言。不久，齊為杭州警局局長夏超逼走，改調山東省長，我亦隨之前往濟南。留住約一星期，深覺督軍田中玉威勢凌人，齊生性懦弱，不足有為。遊過大明湖，遂又回漢口。

短期賦閒之餘，再從事律師業務，但情況不佳，甚少生意可作。這一段日子相當困窘，本來我在江西吉安縣安福地方買下一點田地，準備相當時候歸隱，以此際尚非其時，因而想重作馮婦，回任黃陂（赴浙後，仍未開缺）。但當時王督軍、何省長均已離開湖北，接不上頭，致被省長夏壽康（前清翰林，鄂人）改派為清理營產管理局委員。平情而論，在王督軍督鄂期間，彼雖武人，因地居長江流域，不免受革命風氣影響，頭腦已略有認識，吏治並不錯。督軍公署祕書長雙壽（如松）旗人，和省長公署祕書長金世和二人，均號稱吏治能手。金世和為一詩人，我保道尹時，由他擬稿，給我八字評語為「心精力果，饒有智略」，亦算我生平一位知己。我剛就任清理營產管理局委員，夏省長露出口風，要兩千吊錢官票（約合兩千元），可讓我回任黃陂知事，我當然未予理會。夏的貪婪頗有名。在他任內，流行過一句話，「省長公署的柵欄好堅固呵，三十多塊知事的牌子（按即影射賄賂），都未掛垮。」諷刺得入木三分。

喪偶續絃與皈依佛法

我同任黃陂在僵持中。卒因我是王督軍時期老人，加以何前省長從中轉圜，一二月後，仍然回到黃陂。是為民國十年春間事，這次第二任黃陂知事，任期約一年餘，因與地方豪右意見相左，無所建樹。惟我私生活，卻發生了極度的變化。是年，我妻鄧至游抱病，類如盲腸炎，或為今之所謂腸癌，亦未可知。自他來歸，家道中衰，常以典質渡日。後隨余東渡，辛亥革命時又同到上海，一直過流亡生活，共同患難既久，身體日弱，至是臥病，我常為之求神問佛。縣中將軍團（屬北京將軍府）人士，如趙南山、孫治平、應夔龍（雲從）諸人多信佛，都與我素識。另外平常往還密切諸友人中，如黃涵之（時任湖北高等檢察長）、梅擷雲（楊仁山先生門弟子，與歐陽竟无同時）、沈爾昌均為佛門中人。由於這許多人的濡染、勸導，我夫婦逐漸起信。

冬月十七，菩薩生日，我寫經之際，內心頓感不能再吃葷。從那天起，我開始長年茹素，約十一、二年之久。直到民國二十年後，我因臥病，身體羸弱，醫生認定營養不足，同時班禪到京，密宗盛行，觀念亦有轉變，才再開葷。

臘月初五，我妻去世。緣於世法上之情變，我悲痛欲絕。感人生之空幻，悟佛法之宏深，適逢《大哀集》刊行，我親為之撰序。

「大哀」一辭，本於大悲佛經中《大哀經》第一頁「菩薩以種種因緣，動於大哀」而來。《大哀集》則為先妻亡後之榮哀錄，內容包括：一、大哀經，二、序文，三、各方之輓聯、輓詩、誄辭、祭文等哀悼文字。全集共一百餘頁，線裝雙頁裝訂，無甚留存價值，故早亡佚。惟序文為我手撰，尚有印象，且與我學佛經過有關，故錄之如下。

> 心果有乎，阿難徵之而不見，神光[1]覓之而不得。心果無乎，十方虛空生其中，三世諸佛同其體。執為有，無非法塵，認為無，儼同斷滅。有一於此，非了義也。是故楞嚴會上，明開二種，生死根本，視為妄心，涅槃寂靜，視為真心。迷則妄動，悟則真彰。即一即二，非有非無。覺明妙行菩薩之言，「打得念頭死，許汝法身活」，此之謂也。[2]吾本鈍根，××××，一旦愛妻示疾，諸苦畢現。妄心忽死，塵念全灰，若循世法，幾無生念。夙有善根，忽聞佛法，了知眾生世界，無非夢幻，蓮池會上，不間人天。於是志在蓮邦，行修淨業，庶幾九原可作，三輩同歸。……有善知識，作如是觀。

---

1 神光，達摩弟子，欲求法。達摩問：「何所求。」神光曰：「心不得安。」達摩曰：「將心來，與汝安。」神光曰：「求心不可得。」達摩曰：「吾與汝安心竟。」

2 覺明妙行菩薩之言，全文為：「少說一句話，多唸一聲佛，打得念頭死，許汝法身活。」

我自先妻喪葬畢事，因中饋乏人，諸多不便，乃於十一年三月十八日與楊樹梅女士結婚，證婚人趙孫衍。梅與先妻素相稔熟，過從甚密，故我對之認識亦久。婚後，二人同心向佛，隨又同皈依為佛門弟子。

我夫婦二人皈依之前，應雲從所經歷的故事，對我們頗有影響。事實的經過是，陳裕時（字元白，宜昌人，佛教中有名之大馬達）、蔣作賓（雨岩）、李錦章（四川人，即大勇法師）請太虛大師到漢陽歸元寺講經（《大師年譜》一三二頁載有此事）。某天，我偶然聽趙南山說及曾邀應雲從同到歸元寺聽經。雲從答稱，最近恐無功夫過江。但第三天我看報紙，發現昨日太虛大師傳戒皈依弟子中，竟然有雲從的名字在內。於是我向趙南山探問，當日雲從對邀請聽經，似無多大熱忱，何以突又皈依，原因安在。南山才告訴我，雲從在被邀聽經的當晚，做了一夢，進入歸元寺，見佛像四金剛，很大很高，聚立一處，另一和尚正在講經，講經完畢，和尚離座，四金剛拜唱：「感謝我佛鴻恩」，平空升天不見。雲從醒後，甚覺奇異，決定第二天過江前往歸元寺，看看究竟。誰知到了歸元寺，見過太虛大師，不禁大吃一驚，原來即是夢中所見的那位和尚，當即倒身下拜。

聽完經後，自然隨著眾人皈依了。這件事，當時武昌知道的人很多。

太虛大師在漢陽講經後，我於四月八日（舊曆清明後三日），邀請大師來黃陂講佛法三日。這次大師蒞臨縣城經過，太虛大師全書記載甚詳，轉錄如下：

春間，黃陂縣知事謝鑄陳，初發心信佛，聯合邑紳趙南山、陳叔澄等，邀我及隱塵等，去宣揚佛教。入縣境時，謝知事率衛隊洋鼓吹打相迎，一路入縣署，鬨動了空村、空鎮、室巷、室城的數萬民眾來聚觀，為我所經集群動眾的第一次奇景。寓在前川中學，講了數天，傳入一次三皈，皈依的官紳男女數百人。與陳叔澄以詩唱和，並為謝知事收集戰時白骨所造的白骨塔作了塔銘。後來謝知事邀了張宗載、寧達蘊去宣講青年佛化，辦過一個佛化小學……。（見《大師全書》伍捌卷二六七頁）

此外，我再可補充數點，首先，太虛大師到縣，所寓為前川中學（時校長為胡康民）講經除在該校外，另一地點為木蘭女校自新堂。由王淨元紀錄，這三天所講經義，後經編纂名為〈前川聽法紀聞〉。其次，大師次韻邑紳陳叔澄詩，據

《大師年譜》上卷一三五頁，記載為：

未可栖栖笑仲尼，頻年我亦慣驅馳。
春深大埜來今雨，學講前川憶古師。
佛海潮聲傳隱約，人天夢影正離奇。
法身流轉愴無極，應有維摩病大悲。

但此詩就我記憶，末後三句，小有出入，似為「人天夢影正迷離。法身流轉愴何極，應有維摩念大悲。」不悉孰是。再則，白骨塔建於縣城近郊，中藏先妻遺物及衣履，及收集荒野白骨。大師認為白骨乃未來佛，故名之曰「佛骨塔」。塔身不高，凡五面，四面皆刻塑佛像，一面鐫大師所撰塔銘。全塔由我自資所建。自大師到黃陂弘法後，縣城內成立了七、八處唸佛堂。外道受此影響，亦多改信佛教，道士紛紛削髮為僧，各鄉鎮並成立唸佛堂十餘處。是年四月八日慶祝佛誕，舉辦提燈大會，以各唸佛堂為單位，遊行隊伍曾遠足到過漢口。至於佛化小學，與普通小學無大差別，僅多一種唸佛功課而已。我大小兒耀椿亦曾送之入學。適遇浩乘法師還俗，浩乘俗姓王，年約六十左右，為我警備隊方隊長之老丈。還俗原因為無飯可吃。我即勸他仍然出家，為之新治服裝，告知求戒後，可請他講經，最後介紹入佛化小學任教員，因他對佛學尚有研究。

我在黃陂，對宏揚佛法，雖略盡微力，但我皈依三寶，並不在大師到縣講經那時，而是稍後，在漢口劉家廟金沙寺。那一次太虛大師傳戒而皈依的同門，尚有數十人，皆為居士戒。我夫婦二人同時皈依，我的佛名為慧堅，梅名德固。再過不多時，我便辭卻知事職務，黃陂第二任於焉結束。

我卸任黃陂不久，十二年秋間，又第三度回到黃陂。從佛法講，這是因緣未盡。但此次任期比第二任更短，僅半年多。

這次到任時，監獄囚犯最表歡迎。因我在前兩任期內，獄政甚佳，隨時親赴獄中視察，發現不合情理處，立即改進。記得曾刻有「黃陂監獄改造碑文」（出自第三科汪志俊科長之手），並搨存一張，惜已遺失。這次任期既短，五日京兆，無可足述。我這個有名的「捲被蓋知事」，不沾不滯，對去就無所縈懷。三來三去，時斷時續，前後達六、七年之久，在黃陂可謂史無前例。我有生之年，將永不會忘懷黃陂，至於黃陂對我如何，則非所計較了。當時縣衙組織及人員，警備隊長陶厚庵，第一科長黃庭書，第二科長鄧少甫，第三科長汪志俊（安徽人，曾在貴州講武堂任過何應欽將軍國文教官），技士楊士英，我們相處極佳。另外，警佐縣丞（由省派，不由本人推薦）承審員（由高等審判廳派），關係比較疏遠，名字已記不甚清，但對我協助亦大。

三次任期中，除了前面提到縣衙二堂所懸的一付對聯外、我又撰過兩付、張貼縣衙大門。一併寫出，作為三任黃陂知事，從政態度的總結。

食萬錢，未嘗忘爾俸。

無一事，不可告吾民。

改歲欲何為，杜老有言，內×××，外銷兵甲。

前規猶未遠，師資所在，嚴法陶令[3]，寬取陳公[4]。

---

3 陶令，黃岡人（傳為陶希聖先生尊翁）。黎元洪督鄂時，因黃陂素稱難治，特令陶以黃陂知事兼都督府軍法科長。故可以軍法處理該地一切施政，由是以嚴著稱。

4 陳公，猶在陶前，事蹟不可得而詳，可惜。

再營律務

卸篆黃陂後的我，一、二年間，仍在漢口做律師生涯，可述的事極少。本來自由職業，行動比較不受拘束，因此十四年（乙丑年）三月十四日（舊曆二月十九日）我專程前往北平，恭德太虛大師講經。那次所講的為《仁王護國般若經》，地點在中央公園社稷壇，由段祺瑞執政禮請，並為講經另築有「壇城」，房舍上百間，聽眾踴躍，盛況空前。其時，適逢　國父孫中山先生逝世，因社稷壇地點適中，北上同志向段執政表示，請以該處為停靈之所，俾便發喪供國人致祭，此舉原含有宣揚　國父革命精神，激發北方人心，期以影響全國作用，恰為段氏所不欲，一度僵持。　國父北上抵平之初，段氏未往迎候，禮數有虧，已經引起本黨同志之不滿，要求停靈又發生齟齬，群情憤激，事態頗有擴大趨勢。我看情形不對。那時我尚未入黨（我之入黨在民國十六年），但我來自南方，黨中我有認識的人，戴季公即　國父隨侍人員之一，與我同鄉同學，交情不惡。再則，佛教徒中，亦有許多相熟同道。於是，我從中奔走周旋，結果法會終於讓步，將經筵臨時向旁邊遷移，騰山社稷壇停靈，一場醞釀中的風波，方告平息。四月二日 國父靈櫬奉移西山，法會經筵恢復原處，於四月十六日功德圓滿，兩無妨礙。我直到聽完經後南回。

在漢口為時不久，便將律師業務結束。同孫厚在兄，到上海再轉南京，因徐桴（聖禪）介紹關係，向財政部洽商捲菸統稅事宜，由厚在上條陳，請統一全國該項稅收。將財部原在上海所設全國捲菸稅總局，改為上海捲菸統稅局，其餘福州捲菸稅總局亦撤消。我這時，只是厚在之非正式祕書或顧問而已。厚在與我，原係世交，他的尊人曾任漢口同知（五品），我們孫、謝兩家，認識甚早。厚在雖紹興人，但南人而具北方氣質，極豪爽，一度做過漢口宜昌間新堤關監督（等於道員）。生平僅知開源，不懂節流。他亦為佛教徒，吃素數十年。記得一次我夫婦參加他在牯嶺大林寺主持消災延壽藥師佛法會，白木耳、蘑菇、香菰之類用桶裝，素筵一開數十席，略無吝色，其豪氣如此。厚在改組上海捲菸統稅局後，局中設委員三人，一正二副，厚在任正委，另上海人萬姓，福建人史姓，任兩副委。委員下設八科，我任總務科長，萬兼稅務科長，史兼關務科長，厚在因與我較接近，故採納我之意見較多。綜計在此時期內，成績平平。後復改委員制為局長制，厚在讓賢離職，親邀王曉籟出任局長，我亦轉往緝私局擔任總務科長職務，同樣亦無多大表現。

積極作弘法活動

從此時到滬任職起，我在佛教方面的弘法活動，卻逐漸積極起來，以後上海佛教會徒內知名之士，有所謂「三之，兩亭，一鑄陳。」之稱。三之，即黃涵之（會稽道尹）、關炯之（會審公堂會審官，上海人呼之為關老爺）、施省之（招商局總辦）。兩亭，即王一亭（書家，仿吳倉碩之字跡可以亂真，別號白龍山人。日本人捧之，羅致為三井銀行買辦），聞蘭亭（大商人）。一鑄陳，即區區是也。此實非我參預弘法之初心，說來亦感慚愧。

我同厚在在上海工作，兩人均為佛教徒，對於我的弘法各種活動，方便不少。民國十六年（丁卯年），太虛大師正在上海籌備「法苑」，為一改良經懺（除去其迷妄，擴大其內容）組織，期望經由此一次結合，獲得經濟基礎，以作新僧運動。二月二日（舊　元旦）舉行開幕禮。我曾前往參加法會。當時到會的，有章太炎、王一亭、王森甫、陳維東各同道。是年夏，公餘之暇，我經一番整理工夫，編成《太虛法師文鈔》初集，分雅言、世論、佛學三編。交由中華書局印行。轉瞬三十餘年，此集存世，恐已無有了。

第五章　由四十六歲至六十三歲（民國十七年冬至三十四年）

任戴季陶私人祕書

十七年（戊辰年）冬我的生活起了大變動。我從上海原應厚在之約，將赴福州，佐徐聖禪先生，辦裁釐改稅事宜，到京與財政部接洽，偶到毘盧寺禮佛，忽然有人拍我後肩，回頭一看，竟是戴季公，彼此執手大笑，即到僧房暢談別後情事。他說不意在此地看見老兄，真是出於意外，現在五院成立，我任考試院，正在籌備，老友不可不幫忙，我曉得你不長於財政，福州不必去了。於是回到羊皮巷考試院籌備處，我就此中止福州之行，入他幕府，作私人祕書。如果那時不到佛寺，就不遇季公（我因閩行迫促，雖知季公到京，因向來隨遇而安，並無干求之意，故未及往訪），那麼以後與季公將及廿年關係，也就不會發生了。這段因緣，他以後還常常提起，說飲啄前定，因果難思呢。

我在考試院籌備處的時候，並未參加考試院的工作，是專門代季公應付文字債，不但應酬函電，連題詞、像贊、墓誌、壽文等，全是我的任務。我雖然也弄過這種古典玩意，但是出洋以後，早已荒疏，況且代他立言，還要摹仿他的作風，稍有不對，就於他文名有關，責任相當重大，兢兢業業，搜索枯腸，戒了三年的香菸，因為想藉它激刺腦筋，也就破戒重吸，感覺非常沉重，偶對季公提起，他總是笑而不答。一日，季公忽到我辦公室來，對我說，「國府因川省連年內爭，川人水深火熱，此次改組省政，決心整頓川政，要下一命令，說明中央苦心，列舉川省弊政，責成新省府，掃舊習，奉行中央命令，徹底改革，要我（季公自稱）起草，我事太忙，請老友代筆一揮」，並口授意旨。我因是桑梓關係，毅然自任，就代擬令稿，送呈季公看了，大為稱賞，並未更動一字。次晨季公回來，面有喜色，告訴我國府主席蔣公閱稿後頗加贊許，意欲羅致入府，徵我同意，我正想逃卻這費腦筋的文字生活，欣然承諾。次日簡任國府祕書與整頓川政之命，遂同時發表見於國府公報，這是我入國府的一段文字因緣。現將國府整頓川政命令照錄於下，並將改組川省政府命令照錄於前，以見當時人選之一般。

民國十七年十一月六日國府令

任命劉文輝（自乾）、鄧錫侯（晉康）、向傳義（育仁）、謝持（慧生）、任鴻雋、劉湘（甫澄）、田頌堯、黃復生、楊森（子惠）、呂超（漢韋群）、盧師諦（錫卿）、熊驊盧、仲琳為四川省政府委員，並指定劉文輝為主席，此令。

任命鄧錫侯兼四川省政府民政廳廳長，向傳義兼四川省政府財政廳廳長，任鴻雋兼四川省政府教育廳廳長，謝持兼四川省政府建設廳廳長，此令。

民國十七年十一月八日國府令

四川僻處西隅，頻年內訌，兵多而匪益滋，稅重而民益困，政出多門，民生凋敝，秉鈞失職，無可諱言。疊據旅川商民在川人士，或文電呼號，或來京請願，政府關懷川局，無時或忘。惟治病須去其標，振衣先提其領，業經任命委員，剋日成立省政府，樹統一之機關，破防區之弊制，以至低之限度，為初步之籌維。其關於軍政者，川省養兵鉅萬，無益國防，徒滋內亂，應即大加裁汰，儘量縮編，釐定軍額軍制，不得自由擴充，各處所設兵工廠，即行一律停辦，以絕內爭之源。其關於民政者，各軍就防區內任命官吏，流弊極多，亟應統一任命權於省府，地方行政制度，尤應確立，庶可澄清吏治，發展民生，並應切實籌備地方自治，以為憲政之基。其關於財政者，現在各種苛捐雜稅，名目繁多，應即一律廢止，以蘇民困，征收機關應即統一，不得各自為政。全省幣制，應即整理劃一，各處造幣廠機關，一律撤除，不得再鑄惡幣，致紊金融。其關於教育者，所有教育經費，現在者必須保障，不得挪移，將來者必須增加，務宜切實，並應整頓制度，改良內容，實行三民主義之國民教育，以符中央教育宗旨。其關於民團者，各縣民團，應歸各縣政府直接監督指揮，嚴禁軍隊擅提團槍，收編團眾。其關於司法者，法官任免，應聽中央命令，地方政府及軍隊，不得干涉，司法經費，應有的款，不得減欠。此為政府整理川政，最小限度之計劃，應責成該省政府，於最短期間，全部施行，然後再為第二步之設施，所有施行細目及辦法，限該省政府於成立後一個月內，具報政府查考。須知北伐完成，訓政伊始，政府受黨國付託之重，川人責望之殷，對於川局，具有整頓決心，必當切實進行，認真督促，所令各節，事在必行，不容絲毫敷衍，政府即以能否切實施行，覘該省政府之成績，務宜勵精圖治，急起直追，解川民之倒懸，致川政於上理，政府有厚望焉。

國府組織情況

自那年冬天入國府任職，一直到二十三年底，連續供職六年。主席蔣公於二十年十二月卸職，林公森（子超）繼任。國府內部組織，初分文官參軍兩處，一主文事，一主武事。文官處置文官長，下有簡任祕書八人至十二人，及文書印鑄兩局，必要時得設參事若干人亦為簡任職。參軍處置參軍長，其下亦有參軍八人至十二人，及總務典禮兩局。文書印鑄兩局局長，各由祕書一人兼任。總務典禮兩局局長，亦各由參軍一人兼任。我六年中所經歷文官長，有古應芬（勷勤）、葉楚傖、魏懷（子杞）三先生。同事祕書十二人，就記憶所及，連出缺補充，計有十七人。楊熙績（少炯）湖南人，周仲良貴州人，均為廣州大元帥府老人，一兼文書局長，一秉印鑄局長。劉民畏四川同盟會員，亦為廣州大元帥府舊人，兼文書科長。韋一新兼機要科長。許靜芝兼機要科副科長並兼行政院參事，後繼楊少炯兼文書局長。朱文中（佛公）兼總務科副科長。王澂瑩（惜寸）兼文書科副科長。李蟠（仙根）廣東詩人，與我同一命令發表。此外，即黎承福（鐵盦）、徐思陶、沈礪（勉後）、譚翊（沈譚均是先任參事後轉祕書）、楊文蔚（是先任祕書後轉參事）、錢昌照、毛慶祥、毛思誠（字勉廬，相傳為蔣主席老師）、高凌百諸位。自李仙根以下，所專管業務，除我是擔任褒揚撫恤及禮制方面事宜外，其他諸人，已不能記憶。我們十二祕書，雖均隸屬文官處，但府令發表，均為國府祕書，與發表參事府令，必稱國府文官處參事者不同。又此項祕書，均為同中將官階，我初入府時，按文官俸給表，月支簡任三級俸五百二十元，兩年後升到一級，支俸六百七十五元。

劉民畏祕書和我同鄉，常彼此開玩笑，我初入府到辦公室，須上樓，一度引發喘氣咯血舊疾。民畏笑我，想拿三千卹金，並說「大概將由他給我起草撫卹令」。孰知事實上，民畏在二十年初，竟死於肺病，享年五十餘歲，國府的撫卹令，還是我起草的，實為民畏當初始料所不及。而且我在國府任職期中，不過短短六年，除起草民畏撫卹令外，還有兩位祕書的撫卹令，亦是我起草的，其姓名已記憶不起了。另有同事朱佛公祕書，風流倜儻，與國府女書記官賀舜華相戀經過，給我印象亦深。賀女士修長玉立，輕度肺病，頗有林黛玉韻致。後佛公忽復同中央大學法學系畢業之方理琴女士結婚，兩人蜜月期中，賀竟抑鬱死去。國府同仁知此一幕內情者甚多，咸以《紅樓夢》中釵婚黛死故事比之。亦為當時國府不可多得之一項「花邊新聞」，姑識之，口孽不淺。我與佛公至好，歌呼飲博，時輒引為同道，其人與骨，今日已朽，回首前塵，不勝唏噓之至。此外文官處同僚，其人其事，令我尚有不能志懷者，印鑄局長周仲良，亦一佛教徒，與我算得上好朋友。文書局長楊少炯，體弱多病，職務常由第一科彭科長（彭孟緝將軍尊人）代理。彭為老公事，偶有祕書處經辦交下之公文，而由第一科封駁情事。故許靜芝兄常說，「凡彭科長所辦公事，閉著眼睛蓋章，保不會錯。」第二科科長陳新燮（梅谷）與我同鄉，也是一把好手，曾任大元帥府內政次長，文字絕佳，國府所有典重文章，多出自他的大手筆。

經營覺林素食店

我個人長期茹素，完全戒絕油葷，到民國十八年，已有七、八年時間。此時我想提倡素食，期少設生，同時亦有幾分為自己方便著想。當先向國府同事徵集股本，每人最少五十元，當然我出資較多，合共得資本六千元。招牌即用覺林二字，此覺林之名，與狄楚青（別號平等閣主人，詩書均佳）在上海所開者，名字雷同，並無關係。覺林的地點，我選定在實業部國貨陳列館內花園，館長楊聞泉先生，我和他洽商結果，十分圓滿。此花園在南京淮清橋附近，為悼紅軒主人故址，亦即是從前之江寧織造衙門，其中亭台樓閣，佈置井然。租得之後，略加修葺，各處由我重新命名，全園最高處有一亭，為紀念先妻故，名之曰至游亭。一處最大水榭，改為餐所，名之曰拂玉軒（本王漁洋春柳詩「萬縷千條拂玉塘」一句意）。其餘尚有「一葉舟」、「笛韻軒」等。開幕之後，每值星期六，我舉行聚餐會，邀請熟識朋友參加，每人出資八角，可以一飽。最初原則上吃麵，漸次有人自行點菜。最後變為請客，輪流五、六人作東，客多時常達百餘人。如此盛會，而在當年悼紅軒故址舉行，在我眼裡，自然又是一番風味。可惜像我這樣的人，對生意經太門外漢，完全玩票性質，目的既不在賺錢，所延掌烹調者，又是李雲書居士家中的大廚師，真真做到價廉物美四個字，結果賠累不堪，只好出讓了事。計自十八年起，前後維持共約三年之久。

參加考選委員會

我雖任考試院戴季公院長私人祕書，未實際辦理院務，但十九年一月，考試院所屬考選委員會正式成立，我卻受聘為專門委員。這考選委員會，是季公兼任委員長，邵元沖（翼如）先生為副委員長，劉蘆隱、焦易堂、余井塘、桂崇基、陳立夫諸先生為委員。專門委員除我外，尚有胡樸安、陳去病、張靜愚、林獻炘、唐啟宇、張治中（文伯）、黃序鵷（季飛）、盧毓駿（于正）、張默君、薩福均、賴璉（景瑚）、王正基、李錦蓉、張心一、王太蕤、胡宣明、吳冕、胡定安等十八人，同年十二月，又加聘朱經農、周亞衛、戴修駿（毅夫）、馬寅初、林彬（佛性）、張乃燕、朱家驊（騮先）、黃懺華、冒廣生（鶴亭）九人，共為二十八人。計分八組，每組設主任委員一人，分辦研究並草訂各種考試法規，計劃一切考選設施，編審各種圖書譯稿，襄辦各項專門考試，審查本會交議，及對於本會建議各事項。其分組情形與每組主任人選，計第一組為法學商學，黃季飛任主任，第二組為文學教育學，張默君任主任，第三組為理學工學，盧于正任主任，第四組為農學，唐啟宇任主任，第五組為醫學，胡定安任主任，第六組為軍事學，周亞衛任主任，第七組為編審，暫未成立，第八組為設計，黃季飛兼任主任。此一工作，在十九、二十兩年間，相當緊張，兩年中考試院先後提出及公布有關考選法規，及高等普通各類人員包括應考資格考試科目等之考試規則，大都在此一時期，由各專門委員所計劃草擬或審訂的。當時我所擔任的是第一組，直至二十一年一二八事變，政府遷洛，各機關人員多數疏散，始取消分組辦事，到抗戰西遷，我始脫離此一任務。

參加國民會議選舉總事務所

民國二十年一月一日，國府公布國民會議代表選舉法。同月二十三日，成立國民會議選舉總事務所，載季公任主任，孫科（哲生）先生副之，陳立夫先生任總幹事，王子壯、狄膺（君武）、張厲生、蕭同茲、史維煥（奎光）、史尚寬（旦生）、梁寒操（均默）、區國楳諸先生與我，均任幹事。當總事務所成立時，戴季公尚在廣州，一切由副主任主持，總幹事幹事等派令，直至二月十三日始見發表。總事務所組織，分為四組，第一組分設文書機要收發會計庶務等股（普通稱總務），由我和狄君武負責。第二組設編檢法律解釋二股，由史旦生、區國楳負責。第三組設農人工人商人學界特別等股，由史奎光、王子壯負責。第四組設佈置招待二股，由梁均默、齊世英負責。第一組股長之一有包壽引，亦一佛教徒，在北洋軍閥中任職頗久，習於豪華，總事務所用的一切文具，均由他向北平精選第一流貨色借用，的確華貴大方。因為國民會議，定在五月五日開幕，在開幕前及會議中，我們第一組的工作，均異常緊張，一直等到十三日三讀通過中華民國訓政時期約法，十七日大會閉幕時，全組人員已精疲力竭，方才知道這樣一宗大事，幹總務談何容易。我參加此一工作，在會議期間，得到津貼四百元，如果為了錢，真不好賺。

第一屆高考典試工作

民國二十年七月十五日，中央舉行第一屆高等考試。戴季公奉國府特派為主考官。典試委員為焦易堂、陳大齊（百年）、劉光華（味莘）、胡仁源（次珊）、張默君、饒炎（伯康）、黃季飛、陳長衡（伯修）、冒鶴亭、黃石安、黃慕松、戴毅夫與我，共十三人，均由國府簡派。襄試委員為伍非百、馬宗霍、曹經沅（纕蘅）、羅鴻詔、謝旡忌、潘鳳起（廉深）、李隆、黃懺華、王伯秋、余調生、金延生、徐砥平、莊浩、端木愷（鑄秋）、鄭逸庵、楊開甲、胡庶華、郭心崧、陳念中、鄔志陶、葉元龍、楊伯謙、熊遂、顧寶衡、林襟宇、陳心銘、黃美涵、朱君毅、杜曜箕、汪懋祖、孟憲承、邰爽秋、程其保、張鏡歐、于能模、黃壽慈（淮孫）、伍蕸農、汪大燧、夏金印、夏維松共四十人，均由主考官延聘。監試委員為劉季平、周利生、于洪起（範亭）、高一涵、姚雨平、田炯錦（雲青）、羅介夫、樂景濤共八人，由監察院令派。這次考試，規模之大，關防之密，在民國可謂空前。季公先是要我擔任典試委員會祕書長，我力讓陳百年先生，只就典委之職。典委會設一二三科，科長由黃淮孫張心一蕭似村分任。考試雖是十五日開始，但是七月六日午前，主考官偕同典試委員監試委員典委會祕書長，在國府宣誓就職後，即行入闈（部份監委未入）部份襄委亦同時隨入，鳴鞭炮十萬響。午正，由隨送入闈之襄試處主任邵翼如、副主任王太蕤、祕書長沈士遠攝影扃門，於是遂開始鎖闈生活。闈中可紀之事甚多，淮孫兄曾有《鎖闈日記》小冊，敘載甚詳。現僅就我尚能記憶各點，分錄如下。

張默君先生詩書有名，眾所推重，以唯一女性典委資格，為國掄才，實我國考選史上曠代所無。猶憶其入闈詩云：

天開文運此堂堂，玉尺還憑玉手量。
青眼高歌空萬古，獨憐崇嘏作男裝。

不僅此也，翼如先生更以考選委員會委員長兼襄試處主任身份，護送入闈，並作〈天馬賦〉以寵其行。如此盛事，亦屬空前。後五年，翼如不幸，羅難西安，再五年，默君以事赴滇，我曾由渝寄贈以詩，中有「獨憐天馬行空去」之句，蓋即有感於當日金陵舊事而言。

闈中萬象，形形色色，某次會議之際，余偶綜合所見，即席成一諧詩云：

主任三黃貴，徵君二皓尊。首場崇黨義，五項試公文。
書少題難出，人多卷不均。油條雖易得，其奈不開門。

三黃指三系科主任，巧均黃姓，即黃石安（最高法院院長）、黃慕松（中將）、黃季飛（立法委員）而言。二皓指冒鶴亭、胡次珊兩典委，年事均高，雪髮如銀，均清孝廉，曾舉經濟特科。前述我贈默君赴滇詩中，另有「三黃二皓均陳跡，千載滄桑亦可哀」之句，亦即本於此。

黃淮孫頗能詩，入闈後承見贈七律一首，未幾，復疊韻見贈，照錄如下：

謝公兩鬢未成絲，盛府訏謨海內知。
獬豸一冠元峻厲（曾任武昌地方廳檢察長），
兜鍪六葉自權奇（令義祖暨尊公先後官宜昌總鎮）。
手提風雅持衡日，望重綸言珥筆時。
旭日方中名籍甚，會看雲雨遍敷施。
棘闈深鎖雨如絲，同值春司半故知。
幾輩孤寒歸藻鑑，百年開濟仗英奇。
魯公巨眼遍殊眾（魯國公謝深甫為考官，有巨眼之目），
劉子精思正佛時（李贊皇為幕客劉三復置精思亭）。
濠上觀魚能悟道，交期渾欲比周施。

闈內公餘，同仁均喜相互題字遺贈，藉作紀念，而以我所蒐集為最完全，雖以張心一科長之謙抑過人，無法勉強，余仍存其就名片上所書一紙，惜今概歸烏有。其有向戴季公索書者尤眾，某日，季公經同仁要求再四，曾作畫一幅，此為我生平所僅見者，自然珍品無疑，後不知何人得去。有人說，某次畫展上，看到

季公硃筆畫便面二，當亦是闈中之作。

有一與佛教有關之爭執，亦曾發生於闈內。即襄委邰爽秋教授（中央大學）倡導「廟產興學」之議，每當公暇，時為此與我辯論。我站在佛教徒立場，曾草答邰爽秋一文相示。原稿隨手散佚，久已遺忘。四十七年冬，陳伯稼兄見之於默君處，抄以寄我。事隔十餘寒暑，此文失而復得，豈偶然歟，錄之如左，並向陳、張兩位老友誌謝。

答邰爽秋

邰爽秋先生始創廟產興學之議，影響所及，破老詩之迷夢，啟改造之曙光。例以世事，如變法肇於甲午之敗，革命激於庚子之辱，「無敵國外患者國恆亡」，其間接有益於我教者，誠非淺鮮。二十年七月，同在高等考試闈，寫彼會之「人其人而不火其書，用其產而不毀其宇」標語見贈，且勗以合作。實則佛教革命與國民革命，初無二致，必由自動，不假外援，願邰先生之為宮崎頭山，而不為伊籐大隈也。爰拈八偈，以報邰先生，其相視而笑乎。

諸法原無我　五陰假有身　四生同一體　安得人吾人
地論天宮誦　密乘鐵塔儲　大千經卷滿　何處火吾書
檀施佛子心　貪欲眾生眼　本來無一物　如何用吾產
六大法界宮　十方密嚴土　微塵師子座　何處毀吾宇
三武身先朽　一週跡已陳　曷嘗傷日月　空種未來因
縱稱師子蟲　仍是人天眼　慎莫破和合　佛語垂金簡
有情具佛性　闡提亦復然　蒙光皆受記　拔苦即生天
涅槃記廣額　轉迷立成覺　為君進一解　佛產與佛學

由於封闈後，門禁綦嚴，我所任國府祕書，適有待辦職務，府方下令調回，監試委員以試事未畢，考官未便出闈，經考試院上請，俟試竣再回府任事，終得報可。又曾引起一次非正式國際交涉，說來相當有趣。襄委于能模，法國留學生，夫人為法蘭西產，對於我國考試關防之嚴密，自然無法了解。于君入闈前，原曾向之解釋，此月餘間，不能見面及通信。伊夫人一時以為笑談，未加深信。後來入闈時日一久，始著了慌，以為丈夫另有外室，藉故欺騙，遂訴諸法使館，請求協助。我國考試制度，獨標一格，為世界各國所無，法使館亦莫明底蘊，代之向我外交部探詢，經獲悉實情。告知于夫人，仍不放心，懷疑丈夫生病或遇其他意外，要求無論如何能予見面。幾經輾轉交涉，典試會以為情有可原，適逢八府塘南京中學（典委會設在此處）考場校園後山，建有小亭，可遙遙向外眺望，於是約定時候，于氏夫婦一內一外，宛如牛郎織女，見面一次。一場國際糾紛，始告冰釋。闈內諸公，從此遂以「望鄉台」名此亭，每逢晚飯後漫步，多喜登臨其上，謂之曰「上望鄉台」。

二皓之一胡次珊典委，對 國父信仰有欠虔誠，人所共知。闈內舉行第一次紀念週，唱國歌時，胡忽暈倒，經醫生急救，注射強心針後，始恢復正常。同仁慰問之餘，並相互傳說，謂為 國父顯靈，對胡聊示薄懲，似煞有介事。此為當年闈內祕辛之一，外間知者甚少。

我自皈依佛法，即斷油葷，入闈時，茹素已近十載，即鷄蛋並在禁忌之列。闈內素食者僅余一人，諸多不便。幸老友蕭似村兄（原任考選委員會總務科長）辦理闈內總務，特向覺林調來廚師，為我備辦素齋，困難始告消解。

本屆考試，依照典試委員會組織法規定，主考官兼典試委員長，而國府特派命令，則以主考官名義發表。在闈內，季公曾與我談及，謂主考官乃歷代科舉制度之殘餘，封建意味甚濃。並笑謂，如此名位實為「迷戀骸骨」表現，今後不當再有。故在二屆高考前，即修正考試法刪除之，是以主考官之名稱，遂如曇花一現。

襄試委員原為三十九人，因命題之際，發現有報考俄國語文者，闈內適無人擅長，由是臨時特延聘精於俄國語文之夏維松為襄委入闈，於是襄委遂為四十人。

本屆試期中，霪雨為災，江淮湘漢同時氾濫，長江流域，災情尤重。京市積水縱橫，日久不退。典委會設在八府塘南京中學，庭內水深三尺，室中也幾乎浸水。加必考試關防嚴密，自七月六日正午封闈之後，隨即剪斷電話，隔絕外間聯絡。監察委員經常兩位駐在闈內，其一為于範亭先生，掌管闈門鑰匙，隨身攜帶，鐵面無私，同仁皆有如坐水牢之感。直至八月九日放榜，邵主任等親來啟門，迎接同仁出闈，積水猶未大退，眾人紛紛踏跳板而出，頗有鳥出樊籠之快。事後戴季公以主考官地位，將闈中體驗所得，發表意見四端，而廢除局試制度，亦為其中之一點。是以二屆以後，遂逐漸寬弛。

本屆考試計分普通行政、財務行政、教育行政、警察行政、外交官領事官五種考試，結果計錄取普通行政四十三人、財務行政七人、教育行政二十四人、警察行政二十人，外交官領事官六人、總共一百人，其成績列最優等者一為教育行政周邦道，總平均分數為八三・四，一為普通行政朱雷章，總平均分數為八二・三，以成績言，原應以周邦道列為榜首，當時因公告考試類別次序以普通行政居首，故以朱雷章當之，其後監察院提請簡任本屆高考及格人員之首選，為監察委員，亦以朱雷章當之，於周邦道不無委曲，然自本屆以後，歷次榜示，已改為按每類首名成績高低，定排別次序矣。

第一屆高考，各科考試既畢，闈內試卷堆積如山，閱卷時間，自然不能趕快。但主考官顧念多數考生候榜之苦，又以內闈同仁久居積水之中，時值溽暑炎蒸，健康亦屬可慮，催促閱卷及辦事人員迅速工作，甚為急切，於是大開快車，晝夜不停。及至放榜以後，恐怕忙中有錯，當飭主管人員，再將落卷分數，重加複算一過，結果發現一卷，分數本可及格，因誤算竟致名落孫山以外。戴季公接到報告，大驚之下，痛自刻責，謂實由於課督工作過嚴所致。有人建議，此事發表太不好看，不如祕密過去，考生及第，無非以薦任官任用，事後將該生擢升一薦任官，也就不枉。季公嚴辭拒絕。一面召集典委會商議，補予及格，一面呈報國府，自請嚴正處分。同時祕書長陳百年先生亦自認失察，與誤算之科長科員均引咎請罪。我雖不是辦事職員，以原曾擬任祕書長未就，又因百年先生兼任典委，工作太忙，說明祕書長事務，希望我隨時幫助，闈中對我，有「事實上祕書長」之稱。所以我也覺得應同負失察之責，一同自請。

後來國府命令，主考官罰俸三月，祕書長罰俸一月，科長科員分別記過有差。我因未負祕書長名義，季公未予據情轉請，竟免處分。此一段公案，震動全國，都佩服季公之嚴正不苟，勇於負責，同時典委會職員之守法精神，亦有好評。因為負責核算分數的張心一科長（後任甘肅建設廳長），發現誤算之卷，當即請示祕書長，亦曾有人主張，不必再行向上報告，陳祕書長不允，終於據實呈明。若使張科長發現錯誤，不請示祕書長，祕書長據報，不向上報告，季公均無法得知，即無從自請處分。是以此一事實之發生，固見季公之偉大，然非當事諸公都屬清白乃心，便將在相互掩護之下，即根本無發生此事實之可能。所以凡事貴有同心，方能濟美也。後來有人傳說，戴季公自請處分一案，國府會議之時，原不擬予主考官以處分，因季公出席陳述必須嚴處之情，至於聲淚俱下，始決議罰俸，由一月至三月，季公猶以為輕，主席　蔣公乃言，若必再重，以後將無人敢作主考，季公始不復言。由此益足見其不作私計，惟在樹立考試信用之苦心。至綜觀本案全部處分，開從來未有上重下輕之例，於表示勇於負責之外，其「厚於責己，恕以待人」之風度，尤為一時輿論所翕服。

隨國府遷洛陽

民國二十一年一二八事變發生，國府遷移洛陽辦公，避免砲艦威脅。我係國府職員，奉命隨同政府遷洛。那時國府　蔣主席已經下野，林主席新膺大命，魏子杞先生任文官長，突得中央黨部緊急通知，國府剋日準備遷移洛陽，文官長轉令我們，當晚（二十九日）九時在浦口集合起行，眷屬留京。並聞文官長已隨主席渡江。我們這些三門上聽砲響的朋友，只曉得情形不好，其餘一無所知。晚上，到浦口會齊的國府大小官員，約數十人，靜寂無聲，由一位中將階級的軍官領隊上津浦路火車。孤身獨對車窗，四顧夜色蒼茫，情景倍增淒切。念及強敵壓境，國都動搖，今後大局演變如何，渺不可測，一時頗興「國破家何在」之感。

車到開封，室氣雖然鬆弛一些，但當時官廳請我們吃黃河鯉魚，我們也無心吃。因洛陽小，房屋不夠，我們同行的人，在開封留下一部份，我隨另一部份，繼續前往洛陽。

時局苦悶，加上旅途辛勞，一到洛陽，我就吐血。其時，楊少炯已離職，文書局長出缺，暫由第一科彭科長代理職務，關係方面有意要我承乏。我因平常不喜活動，比如國府需要經常派員參加最重要兩個機關會議，中央黨部常由朱佛公兄去，行政院常由許靜芝兄去，我都退讓不前，對於文書局長的事，依然持此態度，後來是由靜芝兄接任。

那年三月上旬，中央宣佈以西安為陪都，洛陽為行都，表示長期抵抗決心。我因家眷未隨往洛陽，養病自然不宜，曾蒙林主席派了專車，送回南京。那時東南局勢緊張，向京方去的人少，我坐的一節藍鋼車，共有八到十個房間的頭等臥車，全由我一人獨享，如此其濶，在我是生平第一次。

回南京後，身體仍未復原。國府李醫生認為我營養不足，不宜再吃素，又因去年六月，班禪大師到京，密宗盛行，佛教徒多有改信此一宗派的，我亦未免從眾。醫生既戒我不宜茹素，而密宗又不戒油葷，於是我就開了齋，計從鄧氏先妻病中素食起，到此時為止，已屆十二年矣。

接著我又請病假，意圖卸卻國府職務，舉家遷到杭州，兒女等都已經上學。此番王惜寸兄幫助我租房子，借傢具，勞神不少。後來終因洛陽方面，不住電催，再又來一次大搬家，由杭而洛。

洛陽相當古老，甚至可說十分閉塞，雖然隴海路東通徐州西接西安，市面上不僅無洋貨，即像樣的國貨亦無之。南方人天天吃麵，本來不慣，加以當地麵粉又粗又黑，更吃不消。奇怪的是豆腐，居然要由壯漢用刀費盡力量，才能切開。再有一種白蛉小蟲，視而不見，咬人最兇。當地人習慣成自然，安之若素。吾人初到，竟無辦法防止，稍後，經李醫生調了一種藥，供大家敷治，總算有效。

最苦惱的，房屋不夠，同仁都無法辦公。剛到時，大家還可以遊覽白馬寺、周公廟、龍門，及吳佩孚兵營、廣寒宮等名勝，或者購買碑帖古董（贋品不少）消磨，日子久了，無處可去，弄得都悶在屋子裡。我因病更不能動，朱佛公與我家隣居，相聚談天的時間最多，百無聊賴中，偶而也竹敘一番，藉作排遣。幸好洛陽停留，只有幾個月，同年十一月下旬，政府宣布還都南京。我家也隨著南返，一切重新恢復正常。

兼職政務官懲戒委員會

我在國府祕書任內，在民國二十一年十二月間，還兼任政務官懲戒委員會的主任祕書。此委員會是由中央政治會議議決特設的，隸屬國府之下。因司法院所轄之公務員懲戒委員會，僅主管事務官懲戒事宜，而不涉及政務官部份，故有本會之設立，專司經中政會議通過之政務官懲戒事宜。其組織設委員七人至九人，由國府委員中推定，並以一人任主任，記得當時第一任委員人選，為張人傑（靜江）、張溥泉、葉楚傖、陳果夫、經亨頤（子淵）、楊樹莊（幼京）、恩克巴圖七人，而葉楚傖被推為主任委員。我任主祕，無薪給，惟月支特別辦公費三百元。另祕書四人，由國府參事兼。尚能憶及者，有程起陸（之屏，湖北人）、王湄午（雲南人）兩位。再有書記員數人，由李登俊任主任書記員，李為國府科員，第一屆高考及格。本會會期無定時，有案件待召集會議時，由主祕簽呈主任委員發通知，每次開會，所到委員只四五人。猶憶所討論案件中，最大者為外交部長王正廷（儒堂）違法案，經委員會議決免職，並停止任用八年。後來因故，此項議決未發表。我任主任職務，約兩年左右，後由朱佛公兄接掌。

參加二十二年兩種考試工作

我繼二十年第一屆高考之後，又參加二十二年考試工作兩次。一為臨時普通考試監獄官考試，我與沈士遠、夏勤（敬銘）、王元增、伍宗裕、陳有豐（芑孫）均於四月二十日奉派為典試委員，鄭天錫（茀庭）為典試委員長，楊天驥（千里）為監試委員。四月二十日考試開始，五月十日放榜，錄取五十六人。此項考試，是羅文榦（君任）在司法行政部長任內請舉行的。一為第二屆高等考試，本屆考試典試委員長，為王太蕤，典試委員為：徐謨（叔謨）、周覽（鯁生）、陳伯修、柳詒徵（翼謀）、白鵬飛、夏敬銘、楊汝梅（予戒）、吳大鈞（秉常）、饒伯康、陳百年、沈士遠、黃季飛、張默君、辛樹幟、劉奇峰。監試委員為田雲青、鄭螺生、高友唐、楊亮功、王憲章、朱雷章。我與高槐川、伍非百、劉味莘、張性齋、陳伯稼、潘廉深、曹冕（淨修）、林文琴（子桐）、馬鶴天、黃淮孫、金庸、王訥言、朱孔文、羅鼎（重民）、林佛性、史旦生、王去病、劉克儁（卓吾）、郗朝俊（勵勤）、黃右昌（黼馨）、史奎光、黃國璋、張其昀（曉峰）、繆鳳林、胡定安、印水心、冒鶴亭、羅篁（羔執）、端木鑄秋、黃華表、楊宙康、胡希瑗、羅鴻詔、周士觀、謝无忌、佘調生、汪國垣、曹纕蘅、彭醇士、黃懺華、李隆、戴鴻獻、狄君武、朱佛公、張一清、張毓聰、諸葛麒、周光倬、章誠忘、汪劍翔、鄭鴻聲、阮毅成、馬文煥、壽勉成、張策安、孟廣照、雍家源、朱偰、王齡希、朱世全、解樹強、盧前（冀野）、喬啟明、劉馥、陳錫符、丁宇學、孫本文、盧于正、陳念中、周世屏、洪文瀾（書林）、胡文炳、熊正琦、吳台、賈天澍、朱君毅、艾偉（險舟）、張競立、蔣紹基、聞亦有、黃友郢（柳仲）、林翰謨、杜應鐘、劉盥訓、李蒸、張樑任、吳祥麟、彭養光、孟憲承、張炯、佘同甲、黃振華、雷震（儆寰）、董道寧、鍾道贊、王揚濱均受聘為襄試委員。本屆試場，分為南京北平兩處。北平設辦事處，由典試委員會任典試委員白鵬飛為北平辦事處主任，並派典試委員沈士遠酌帶職員，前往協助辦理。

十月二十日兩處考試，同時開始，第一試為甄錄試，第二試為正試，北平試卷，均解京集中評閱榜示，第三試為面試，所有正試及格人員，亦均集中南京舉行，十一月二十五日放榜，計錄取一百零一人。十二月二日考試院舉行發給證書典禮，由戴季公主持。在此典禮中，卻發生一事故，考試院祕書長許崇灝（公武）、機要祕書陳伯稼，均得了記過處分，這也是當年政界中所罕見罕聞的。事情原因，是季公頗有制禮作樂懷抱，平日重視禮儀，參加各機關及本院舉行典禮，對於恭讀 總理遺囑後，默念三分鐘一目，每易忽略過去，實際並無三分鐘，心常不滿。此番在籌備給證典禮時，曾與伯稼說過，此項典禮，為考試及格人員初入仕途參加大典的第一次，儀式務在莊嚴隆重，使生肅穆觀感，不可有絲毫差錯。並指出如默念三分鐘，即須確實三分鐘，不可短少。伯稼承命轉告祕書長及籌備典禮同仁，詎行禮之時，司儀者院警衛隊長李培國（字治平，後來任熱河某部隊司令又任熱河國大代表現在台灣）君對此一目，依然贊過即立及次目。季公以既經明白指出注意之事，仍有此失，最高考試機關首先予考試及格人員，以不良印象，除將司儀人員議處，一面予公武、伯稼以記過處分外，並自行引咎呈請處分，結果當然是毋庸置議。但是此後各機關舉行典禮，對默念三分鐘一目，很迅速而普遍的都做到不折不扣，我嘗戲謂公武、伯稼，你們這記過處分，總算有極高效度，可謂不寃枉矣。伯稼說，豈獨不寃枉，若比起老兄第一屆高考時所為，我是求仁得仁，老兄卻望塵莫及（因伯稼處分是自請得來，我前年雖自請而未邀許可），遂相與一笑。

參加中央行政法規整理委員會

二十二年四月間，本黨中央政治會議通過行政法規整理委員會組織條例，並推定戴季公為本會委員長，孫哲生、宋子文兩先生副之，居正（覺生）、于右任、葉楚傖、丁惟汾（鼎丞）、伍朝樞（梯雲）、顧孟餘、鈕永建（惕生）、覃振（理鳴）、陳公博、鄧家彥（孟碩）、黃紹竑（季寬）、朱騮先、陳樹人、褚民誼、梁均默、段錫朋（書詒）、焦易堂、張知本（懷九）、林翔（璧予）、吳經熊諸先生為委員。此委員會職掌，是負責計劃全國各種官制官規事宜。關於各機關之官制官規，分為十組，第一組為一般及考試銓敘並各組之彙核事宜，第二組為內政及禁烟水利賑務，第三組為外交僑務，第四組為陸海空軍，第五組為財政，第六組為教育，第七組為鐵道交通實業建設，第八組為蒙藏，第九組為司法，第十組為監察審計主計。設專門委員分任各組之審查起草事宜，由會就各院部會之專門人員，及國內專家學者遴選聘任之。各組設主任一人，由委員長就各組專門委員中指定之，各組主任為第一組之當然委員。另設祕書處，辦理本會事務。戴季公奉推定之後，即假考試院華林館為會址，於五月間開始辦公，先行組織祕書處，以考選委員會副委員長陳百年先生任祕書長，史旦生、伍非百、張忠道（性齋）、劉味莘、方叔章諸先生任祕書。另按照規定，分設十組，遴聘專門委員分任各組主管之官制官規審查或起草事宜。我亦受聘在第一組第九組工作。

第一組主任為郗勵勤、專門委員除我外，有徐象樞（景薇）、陳箇民、張性齊、陶天南、胡承祜、陳芑孫、馬洪煥（旭樓）、史旦生、伍非百、端木鑄秋、黃季飛、宋湜（香舟）、羅重民、李仲公、蔡遠生十五人，加以其他九組之主任王先強、樓桐孫、張華輔、陳伯修、沈士遠、鄧公玄、李培天、王淮琛、高一涵皆為本組之當然委員一共為二十五人，第九組主任為王淮琛，專門委員除我外，有林佛性、王齡希、劉武、吳昆吾、戴毅夫、張性齋、楊鵬、李澤新八人。如再加其他七組之專門委員八十三人，總共為一百一十七人（內有十人左右兼組），幾將中央各機關之主管專門人員，及國內專家學者盡納在本會之中，可謂極一時之盛。本會經費，中央原已核定，月支經常費五千元，專門委員等薪俸，另造預算。季公以國難期間一切務應節省，特請撤銷。所有專門委員，聘自中央各機關，祕書處職員，調自中央黨部與考試院及所屬會部，均不支薪水，一切辦公文具雜用，概由考試院供給。

至於工作方面，先後收到建議及整理方案，不下千餘件，其中有由中政會議交議者。有由各院部會等機關送會者，又有由本會委員及專門委員提出者。經各專門委員詳細研討，除認為問題重要，待由中央另定，或認為問題瑣細，不加整理外，共成立二百二十六件。其中關於建議類者，計六十件，餘均屬於整理一類。各類案件，內容有重要變更者，均附有詳細之說明。季公對本會此項工作，認為有助於考銓制度之建立，至感興會，進行頗為積極。各組專門委員，因季公之聲望，亦無不樂於在領導下，踴躍從事。是以自二十二年五月起，至次年十月，即已將此一艱鉅工作，完全辦理竣事。此一年半間，各組開會總計，達三百三十餘次，我所工作之第一組開會，即達五十七次，居各組之第一位，即第九組開會，亦達四十次，居各組之第三位，足見其緊張情形。會務結束時，將一切工作經過，及法規整理條文意見，出版報告書一鉅冊，厚達千餘頁。惜乎此項報告書，提報中央政治會議後，中央未遑深切注意督率，各機關對於應行整理各法規，切實遵照釐訂者，容或有之，而因循苟且，憚於改革者，實居多數。季公事後談及，以為聚全國人才，費年半時間，結果等於虛耗，言下不勝嘆息。

辦理故宮博物院鉅竊案

民國二十三年歲末，我辭去國府祕書職務，應王太蕤先生之邀，改入司法行政部工作，同時仍兼任考選委員會專門委員。司法行政部，原隸行政院，二十三年間準備改隸司法院，其時任部長者，為羅君任先生，以改隸故，求去職。羅有行政長才，任內極著成績，繼任頗難其選，故暫由居覺生先生兼任（時居任司法院長），而以謝冠生先生任政務次長，潘恩培先生（旗人留日法政大學學生刑法專家）任常務次長。因故宮博物院鉅竊案發生，牽涉極廣，張溥泉先生主張嚴辦，並提請中央政治會議注意，要司法行政部每半月報告一次。居兼任部長甫一月，溥老對案情偵訊進展不滿意，再於中政會議提出質詢，居求免去司法行政部兼職，遂改由任考選委員會委員長之山西王太蕤先生接替。太蕤先生上任前，居要求保留一次長位置，王未之允，改由洪陸東任政次，我任常次。前清時候，形容北京刑部衙門，「門無匾，堂無點，老爺沒有錢，書辦不要臉」，是京官中最清苦者。但此時之司法行政部不然，經常有彙解到部的訟費狀費，故存款多達百萬元以上。請領律師執照費，後來加到每張一百八十元，亦為一筆大收入。因此，為一般別具用心者所爭欲取得原因之一。惟這些卻不在新就任人們考慮之列。王部長接事以後，首先積極偵察故宮博物院鉅竊案件。這是一件大掉包案，所以先花三萬餘元高價，聘請黃君璧先生，憑他專家身份，鑑定被竊後混入贋品，以免魚目混珠。同時可以確實知道被竊珍品多少，便於追查。最後報告集成一巨冊。根據此一鑑定，易培基通緝，全案終結。其餘若干嫌疑人犯，由於各種原因，逍遙法外。據我所知，四大名旦之一程硯秋，便是其中小而又小的漏網之魚。我入司法行政部，內子亦於次年夏，考入上海法政學院（二十七年七月畢業）。為便於照料子女，我家遂從南京近郊蘭園，搬至上海呂班路，我辦公在京，公餘抽暇回滬，直到抗戰發生回川，再未遷回南京。

參加二十四年兩種高考典試工作

我任職司法行政部時斯，因尚兼任考選委員會職務關係，典試差事仍時奉派。二十四年七月第二屆高考司法官再試，同年十一月第三屆高考，我均奉簡派為典試委員，司法官再試是太蕤先生任典試委員長，林佛性郗勵勤王齡希黃石安夏敬銘饒伯康同為典試委員，第三屆高考是鈕惕生先生任第一典試委員長，張懷九、劉瑞恆（月如）、徐叔謨、傅秉常、吳經熊、丁文江、衛挺生、顏德慶、梅貽琦、朱希祖（逷先）、梁希、吳秉常、郭心崧、顧樹森、饒伯康、伍非百、劉味莘、張默君、辛樹幟、葉溯中同為典試委員。闈中經過，亦有足述者，如司法官再試第一名之李學燈（炳南），再試總分，以小數點以下略有差數，原定第二名。同仁因其初試已魁多士，再試僅小數點下略差些微，屈居第二，為之惋惜，後來特予拔擢置為第一人，使之兩度掄元，更成佳話。此事我略有微力，蓋以成人之美，固無傷於大體也。我現時手邊常用之私章，即是此屆典試委員長見贈之物，良足作為本屆考試之珍貴紀念品。如第三屆高考，在首都、廣州兩地，分設第一、第二典試委員會及試務處，第一試務處轄首都、北平、西安三試區，第二試務處轄廣州一試區，北平、西安二試區又分設第一試務處辦事處。應考人第一試在各試區舉行，第二試均合併在首都舉行，此為本屆分區考試之大概情形。

在考試進行中，第一典試委員會卻發生一事，是國際公法科目試題，將地役權之「役」字寫作「域」字，試題散發後，始經發覺，因之典試委員長自認疏忽，呈院請予轉呈國府嚴加議處，考選委員會委員長亦以事先計劃未周，致有此失，亦請轉呈嚴予處分。戴季公則以本身主持考政，亦不能寬其責任，於據情轉呈時，並自請一併嚴正處分，結果典試委員長罰俸一月，餘均免議。究之是屆各科試題，有一百八十餘種之多。且因必試選試之不同，選試科目之分日考試，同此科目亦必須分別命題，不啻又增加數十種，試題之繁，不可究詰，若有錯誤，皆須由典試委員長負其責任，實難乎為典試委員長。季公非不知此理，所以必出於此，正因要確立考試信用，非出此不可。當時此種觀念，自季公倡之，以次當事諸首長和之，養成一種不怕負責，遇事輒自引咎之良好風氣，迄今思之，幾可視為盛世，不可復得。至於此事有關命題錯寫之徐叔謨典試委員，其態度如何，亦為一般所欲知者。據傳伊以典試委員長代其受過，心殊不安，曾致送一月俸額之數於鈕惕老，藉作補償，惕老未經收受，此又第三屆高考之祕辛，知者恐更少其人矣。

主持四川縣長考試與視察三省司法

二十六年一月十二日，我又奉國府特派任四川省縣長考試典試委員長。事後才知此項考試，是由考選機關限期催促而成，川省實為被動。試務處處長，例由省主席劉甫澄兼任，已先三日奉派。另典試委員謝盛堂（升庵）、黃雲鵬、龍靈、楊雨樓，監試委員曾道（通一），均於一月十九日奉令簡派。我奉派後，司法行政部又派我便道視察川滇黔三省司法事宜。我雖是川人，但黔生鄂長，迄未回川，一旦得此兩個機會，當然十分高興。臨行，到季公處告辭，他笑謂我曰：「你以司法次長去巡視三省司法，又兼典試使者，比之小說，就是刑部侍郎兼八府巡按，還兼大主考，威權相當大，但是你性情過剛，嫉惡太嚴，任事太勇，此去務必謹慎從事。近來四川、雲南對中央問題較少，但時時可以發生誤會，你要宣揚德意，綏遠懷來，不要因考試視察，引出問題才好。」我力說，「絕對不會有問題。」因此兢兢翼翼，遇事留心，三省一週，幸而無事。但是因此對地方不免略事遷就。司法視察方面，三省行政官吏，都還推誠相助，尚無問題。考試方面，因省方早有自辦的縣長考試錄取人員甚多，不願再行考試，影響已取人員任用，後來雖然勉強奉命，可是典試委員發部，由省府呈院請簡，委員長孤身入闈，自然沒有多大辦法。應考四百多人，考畢一算分數，六十分及格者，只有二人，我說太不像話，電院請核准援江西成例，凡在五十五分以上者，一律加足六十分，結果亦不過九人及格。省府卻甚滿意，地方人士就嘖有煩言，還公呈考試院，說委員長過於苛刻。回京覆命時，季公對我此行，表示滿意，但我自覺，雖然未使中央發生麻煩，而對桑梓實在有愧，至今耿耿。

此番行役，從離京日起，至還京日止，逐日皆寫日記，茲分三部份，扼要彙述如下：

1 屬於典試部份

一月二十三日　午前九時二十分由南京起飛，十二時到達漢口，寓太平洋旅社。

一月二十五日　正午由漢口起飛，三時到達宜昌。本部孟科長考選委員會鄧科員月甫相偕登機，四時半抵重慶，孟鄧兩君下機，換乘汽車攜帶考試命題需要參考書籍赴蓉。六時抵成都，住省府。

一月二十六日　拜會劉兼試務處長，開第一次典試委員會。

一月二十七日　午後三時孟鄧兩君到，四時曾監試委員到，牌示考試科目場期，發襄試委員聘書，電考選委員會請加派陳筑三為典試委員。

一月二十八日　宣誓就職，接考選委員會覆電照派陳筑三為典委。

一月二十九日　隨員何筱廉到。訪省府鄧祕書長詢錄取標準。開第二次第三次典試委員會。午後六時移入考場，當晚咯血，劉兼試務處長特開闈延醫入內醫療。

一月三十日　開始考試，第一試上午試黨義，下午試國文，應考人到者四百六十七名，不到者二十二名。開第四次典試委員會。

一月三十一日　上午考憲法，下午考民法刑法，今日又有應考人五名不到，咯血癒。

二月一日　上午考行政法，下午考經濟學及財政學，本日應考人又少三人。

二月二日　上午考地方自治及地方行政，下午考地方財政。劉兼試務處長來視察試場，並至各委員室參觀。

二月三日　上午考本省實業，下午考本省教育。

二月四日　開始口試，共分五組，每組一典試委員一襄試委員。我自任覆試組，上午試一〇六人，下午試十一餘人。

二月五日　上午試一〇八人，下午試十一餘人，口試畢，全試亦畢。

二月六日　各試卷均評閱竣，諸典試委員均出闈，惟余與曾監試在，趕辦核算。

二月七日　鎮日無事，讀經濟學講話，為作表解成三頁。

二月八日　開典試委員會，決議除及格二人外，凡平均分數在五十五分以上者，一律加足六十分，總計及格者九人。午開折彌封寫榜，九人者為陳文藻、葉楷、劉士篤、史思放、游鉑鏞、張豁然、李之青、龔萬材、張會鑫，並悉中有二人為法界人，可喜也。午後二時送榜至省府張貼，即遷住大川飯店。

二月十一日　發考選委員會公文，報告典試經過情形，至是此一任務，遂告結束。

2 屬於視察三省司法部份

二月十三日　是為陰曆丁丑年正月初三日，晨到川省高等法院訓話，察看高地兩院及新建之看守所。

二月十四日　奉部電許先到滇視察，遷住九思巷鄧宅。

二月十五日　到法院處理視察事，致滇省黃希仲、李子厚、張西林函。

二月十六日　晨到法院，甘典夔廳長來院晤談，解釋並未把持法界，實則為川法官說項也。

二月十七日　得滇省張西林來電歡迎。

二月十九日　視察監獄。

二月二十日　晨七時乘飛機赴昆明，初尚平穩，過雲項山後頗顛簸，大吐，十二時二十分抵昆明，住張西林宅，午後訪龍主席，偕李子厚遍訪各省委廳長。

二月二十一日　夜胡首席來談法院之腐敗，出人意外。

二月二十二日　到高地兩院訓話，高院院長為龍主席祕書長兼任，視察看守所，糾正其謬（受賄居然登記有帳）。胡首席宣誓就職，由余主席。

二月二十三日　看監獄，尚可，惟房屋將坍。雲南日報載余昨日訓話，訛誤不堪，擬稿令更正。西林見龍，仍不接受中央派人之說，只保吳恢量及易文熚二人，吳、易均來見過。

二月二十四日　下午一時乘飛機回川，四時半抵成都。

二月二十五日　發航函上部座，約二千五百餘言。

二月二十六日　發航函上部座，滇事外兼及川事。函謝張西林。

二月二十七日　到院，召見高院三推事三檢察。發滇省公函三件。

二月二十八日　午前八時半由成都乘車往郫灌二縣，十時半抵郫縣，晤黃縣長看監獄，午後四時抵灌縣，晤吳縣長看監獄，宿公園旅行社。

三月二日　午後五時半，由灌縣回抵成都，得王部長電言胡覺事。

三月三日　到院，接見地院庭推及兩長。發張西林、李子厚函附部長原電。

三月四日　午前八時由成都赴邛崍，渡河兩次，經雙流新津，午抵邛崍，晤縣長何本初，看監獄，較郫灌為劣。晚飯後至縣府學術研究會演講，當晚宿邛崍。

三月五日　七時行，九時到名山，晤劉縣長。午飯後到保長訓練班自新特訓班訓話。二時到雅安，晤劉專員及法院同仁，住法院。發電報告部長。

三月六日　留雅安，看監所甚好。

三月七日　由雅安起程同成都，十時抵邛崍，下午一時到新津，在縣府候至三時，縣長承審員歸，看監獄後行。四時許達雙流，看監獄後行，六時抵成都。

三月八日　到院，主持總理紀念週並作報告。

三月九日　晨看守所行落成禮，往為訓話。函洪陸東言視察狀況請轉陳。

三月十日　晨由成都起程往峨眉嘉定，十一時抵彭山，晤縣長蕭君，監獄尚潔，亦有候案所，承審頗老，似欠精幹，獄員年壯尚佳。三時半啟行，四時許達眉山，專員余君赴夾江，獄政平平，審判官尚好。夜余專員歸，當晚宿眉山。

三月十一日　晨啟行，十一時抵夾江，晤縣長杜君，新自京受訓歸，人頗精幹。看監獄，人少頗潔淨。十二時行，午後三時半抵峨眉，縣長赴京受訓，晤祕書某君，看監所，人多，不潔，積案亦夥。四時至報國寺，蔣公上年軍訓，即在此寺，夜宿於此。

三月十四日　午後一時由報國寺起行，三時半抵嘉定，專員陳炳光在省未歸，晤祕書趙君，下榻息塵旅館。看監所，犯人過多，司法處殊腐敗。是日咯血。

三月十五日　住嘉定，聞候案室死民事管收人一名，僅欠八十餘元，審判官胡勉濫押，可恨之至。派孟科長馮書記官往查，檢卷細核，聞已放六人，視察不無影響也。

三月十六日　晨七時半由嘉定起程回成都，沿途不停，午後抵成都。到法院備文函高院，將胡勉撤職查辦。訪陳炳光談。

三月十七日　發上王部長函。到院，陳炳光來訪，談樂山設法院事。

三月十八日　到院，核文件十餘起。滇電到，文簡難明，航函轉部座，連同候案事件代電，一併明日封發。是日咯血。

三月十九日　晨七時半由成都起程赴閬中，八時半到新都，入縣府訪杜縣長，看監獄平平。十時半到廣漢，晤縣長某君，看監所甚佳。十二時半行，抵德陽，縣長調訓，共代理者漠然不理，監所亦劣，痛斥之。到羅江，晤縣長某君，監所押犯亦多。午後五時抵綿陽，劉專員赴京未歸，晤代理某君，晚宿專署。

三月二十日　晨起行，午刻抵三台，晤縣長冉君，看監所，尚平平。宿嘉涪旅館，與嘉定息塵旅館相埒。

三月二十一日　五時半興，六時二十分乘輿行二十里至高山舖早餐，再四十里至秋林驛午餐，再行六十五里至鹽亭。晤縣長某君，在縣府訓話。看監所，潔而押犯少。住縣府。

三月二十二日　六時二十分起行，三十里至大興場早餐，又三十里至富村驛，閬院派書記官在此辦飯，南部保安隊接防護送。午後五時抵柳邊驛，即宿於此。

三月二十三日　六時半起行，三十里至大橋早餐，閬中保安隊來此接護，九十里抵閬中，晤甘縣長及法院同仁。住法院。電部報告。連日咯血今始止。

三月二十四日　看監獄及看守所，正修理中，因囚糧不敷，餓死者甚多。有囚人呈一單云，自陰曆十二月至今，已死三十二人，當交高分院查辦。訓話時，對此院積案多，押犯多，均有指斥。另天宮院聯保主任杜懷庭瀆職案，據被害人狀，交陳首席嚴辦。候甘縣長，告以宜禁耕牛出境及整頓獄所。

三月二十五日　由閬中仍循來路歸。晨七時冒雨起行，路滑輿人跌三、四次，午飯於萬年埡。午後四時半至大橋驛，宿聯保處。

三月二十六日　晨六時二十分起行，三十里至柳邊驛，再行六十里至富村驛午餐，見一童以繩牽一人，後隨一中年女人，詢係口角細故，派警送交聯保處。再行六十里至鹽亭縣，宿縣署。

三月二十七日　晨七時起行，至秋林驛午餐，午後三時半抵三台，住嘉涪旅社。夜飭孟科長審南部聯保主任之王書記，私擅逮捕傷害案關係人證。

三月二十八日　晨六時半由三台起行，舍輿乘汽車，午前十時抵綿陽，晤承審獄員言，專員仍未歸，祕書亦請假。由綿陽渡河向劍閣前進，劍閣田專員派弁押大車來接，函稱冠公，蓋錯認余為謝冠生，會後車趕來，謝之。正午抵梓潼午餐，晤縣長承審員，看監所，押犯多而訴訟少，縣長甚笨，承審獄員尚壯年，亦不甚得力。十二時半起行，山路甚險。午後四時抵劍閣，晤田專員，看獄所甚佳，是夜宿劍閣。

三月二十九日　午十一時由劍閣循來路歸，一時至武連場午餐，三時後過梓潼，五時半至綿陽，晤承審獄員，仍住專署。

三月三十日　晨七時半起行，沿途不停，午刻抵成都，到院發電上部長，定四月三日東行。謝升庵來談。

四月一日　到院作書至貴州王廳長曹代主席重慶鄭院長及自貢法院。

四月二日　到院結束一切，看守訓練所開學致訓詞。

四月三日　晨七時起行至牛市口車站，八時半換車行，過號稱甚險之龍泉驛，殊不如北道。十一時抵簡陽，縣長入京，晤祕書某君。至陶厚菴獄署看監獄。司法處積案頗多，審判官不甚得力。午飯後行，二時抵資陽，晤縣長某君，看監獄及司法處，均佳。四時半抵資中，晤專員某君，渡江宿縣府，獄尚可，烟案犯過多。

四月四日　晨六時半起行，八時抵內江，看監所平平。警隊有密室，押九人，多債務案，皆巡官所為，痛斥之，候設法糾正。早飯後起程赴自貢，天雨路難行，車屢陷，改道東行，十一時抵隆昌，飯後看獄所平平，五時抵榮昌。今日所過各縣，縣長均不在，榮昌則新故，看監獄頗劣。宿縣府，咯血。

四月七日　晨五時二十分由榮昌起行，四十里至安富鎮，易輿行一百六十里，午後七時半抵瀘縣小市，晤專員閔君及高院同仁，渡江至地院，已八時半。

四月八日　對法院職員訓話，召地院推檢談話。視察監獄，為楊森時改造。獨居監一部份，地狹人稠，死亡頗多。犯人較他處為有知識，收狀數十件。

四月九日　晨赴高院召高院法官談話，復往南門外看預備新造監獄地基。

四月十日　晨自瀘縣起行，九十里至懷德旗。午飯後行十五里至大頭城，聯保主任不在，詢悉趙化鎮距此十五公里，乃赴鄧井關之路，若往富順，則繞五里，即趕赴之，區長招待甚殷。

四月十一日　晨六時二十分起行，七十五里抵富順，縣長晉省，晤其祕書及司法處三審判官，在縣府午飯。看監獄，監犯新反獄，擊死廿餘人，逃廿餘人。獄員頗老。監所有小菜飯十八兩，有榻。飯後行十五里抵鄧井關，周蕭兩長包汽車來迎。再行九十里抵自貢，晤繆秋杰運使。住法院。電洪陸東。

四月十二日　領導紀念週訓話，函高院調陶厚菴至富順。

四月十三日　午前由自貢起行，井內公路新舖石子，車行輒躓，三時車抵某地，距內江尚有四十里，彈簧斷，勉行抵內江，已午後五時，住新生旅館，內江兩審判官來談。

四月十四日　晨六時半起行，十一時抵永川，專員受訓未歸，看監獄尚好，有工藝及保安處分工藝所。抵璧山，縣長病，祕書老朽，承審一，有烟容，獄員腐敗，監獄黑暗，有一所直不見天日。五時半抵重慶，住陶園內餘社。

四月十五日　到法院訓話，看兩看守所尚佳。看監獄，押犯至九百餘人，真活地獄也。

四月十六日　拜客，至法院一行，行營辦公廳長韓君約十八日同路赴黔。

四月十七日　晨到院，看新監工程已半成，電部請提舊監已決犯禁此。

四月十八日　四時半興，自重慶起行，渡江到海棠溪，至松坎午飯。雇用之車彈簧壞，震動甚，韓君招與同車。過桐梓不停，宿遵義專署，夜視察法院。

四月十九日　五時興，視察監所，擁擠不堪，其新所有警所押人犯皆席地臥，當囑專員修理。九時赴當地機關團體軍隊歡迎會，演講司法之重要。會畢回專署，一時起行，三時抵息烽，看司法處及監所，皆在大堂兩廊，如押所然，五時抵貴陽，住法院。

四月二十日　在法院訓話。看監所，有閔承瓛曾為縣長，以侵佔判六月十天，漏引大赦條件，遍控各機關，入所時要求甚多。偕漆院長遍訪各機關。

四月二十一日　借行營車赴安順，計九十六公里，行二小時半到，晤余院長張專員。法院設城隍廟中，極簡陋。看監所，所官有烟容。在法院訓話。召職員談話，看各員成績，書記官均不通文理，勸余院長暫留維持，旋起程歸，午後五時抵省垣。夜發電報部。

四月二十二日　晨七時赴鎮遠，借行營車及衛士三人，過龍里、貴定兩縣，至馬場鎮之三合舖，午飯後過鑪山縣，遇京滇公路週覽車。渡重安江至貴平，因衛士車中途機損，修理遲延，五時抵鎮遠，專員調訓赴京。晤分院劉謝兩長，至法院進餐。寓臨江旅館。

四月二十三日　晨赴分院訓話。午後入城看第二監獄故址，現為三十四旅部，僅圍牆及房屋十間，餘皆旅部所修。旋視察看守所，僅三間押六十人。發航函上部座。

四月二十四日　晨七時起行回貴陽，渡重安江後，車輛螺釘忽損，乃易後車，至馬場鎮之三合舖午餐，坐車亦修好趕到。五時抵貴陽，訪週覽團於行營。

四月二十五日　午後核卷。二十六日晨核卷，韓廳長來談，並允借車。接見法官。夜核卷至十二時。

四月二十七日　六時半由貴陽起行回重慶，午抵遵義，飯後即行。四時抵桐梓，毛縣長督工未歸，晤祕書王君，宿縣府，視察監獄平平，獄員烟容滿面，審判官亦可疑。

四月二十八日　晨七時對縣府職員訓話畢即起行，過花楸坪滑甚。午飯於東溪之大東酒樓，一時許抵綦江，縣長受訓未歸，晤祕書李君，視察監獄平平，承審人員尚佳。六時抵重慶，宿法院。夜分電京部及黔省。

四月二十九日　視察江北監獄頗腐敗，獄員有烟客，召集高院法官談話。

五月二日　晨召集地院法官談話。三日領導總理紀念週，夜登民生公司民勤輪東下。

五月四日　凌晨開行，閱重慶所收狀數十件。午後五時到萬縣，晤法院同仁，登岸住法院，視察看守所，地狹人稠，縣監不收法院所押人犯，已決犯亦禁所中，宋所長尚有精神，聞被部審查資格不合，致函高院囑另調獄員。

五月五日　在法院訓話後，召集法官談話，夜登民彝輪。

五月六日　午前四時開行，作函分致申、京附行李提單。十時過夔門，午後四時抵宜昌，晤法院同仁，登岸住德明飯店。

五月八日　晨到法院訓話，視察看守所及監獄，夜登寶和輪。

五月九日　午前五時開行，六時大霧停輪，七時復開行，午後過沙市，停輪二小時，晤法院同仁，未登岸，夜停輪。

五月十日　午前五時開行，午過城陵磯，夜十二時半抵漢口，登岸住太平洋飯店。

五月十二日　夜登三北公司童興輪，九時開行。

五月十三日　晨抵九江停輪，十二時開。

五月十四日　午前七時抵京。此行觀感所及，曾草成報告書呈部。對西南諸省司法改進，頗多建議，全書約萬餘言。惜不到兩月，便值抗戰，全國上下集中力量對日，連續八年，這個建議，無形中隨著擱置下去。

3屬於職務外部份

滇省名勝之遊　二月二十一日晨與張西林同遊黑龍潭公園，有唐柏宋梅之勝。午偕張西林李子厚遊安寧州溫泉，經楊升庵先生讀書處。溫泉旅館為黃毓成軍長所設，遇某旅長兵工廠長也，浴於天下第一泉，飯於旅館。復同遊雲濤寺，風景絕佳，歸城已午後六時矣。

成都名勝與郫灌、青城、峨眉、嘉定之遊　內子在我典試事畢，於二月十二日由上海飛抵成都，我大兒耀椿先二日由陝西來成都，三月十八日始飛陝回校。在椿兒未回校前，我曾於二月十七日偕妻兒遊草堂寺、武侯祠、青羊宮，祭戴太夫人墓。十九日又偕遊望江樓、薛濤井。自後我曾三度在省垣附近各縣視察，趁便遊覽名勝，妻兒均同行。

第一次二月二十八日由成都往郫縣，乘小車至涼水井，祭鄧述之先岳之墓。即日午後抵灌縣。次日同往二王廟都江堰，過竹索橋，午後一時許，抵青城山天師洞，步行遊上天梯、真武殿、天師台、伏羲殿諸名勝。二日遊朝陽觀，上清宮（有鴛鴦井麻姑泉）及最高峰之呼應亭。下山數石級，計三千五百級。一時至山麓，五時半由灌縣同抵成都。

第二次三月四日往雅安，七日回成都。

第三次三月十日往峨眉，次日路經夾江，遊三蘇祠，午後三時半抵峨眉，四時半抵峨山麓報國寺。十二日上山，經伏虎寺、純陽殿，午飯於中心寺。經九十九倒拐，奇險。徒步行四五里，午後四時半到仙峰寺即九老洞也，宿於此。此處已有積雪，當峨山之中，溫度較山下寒三十餘度。十三日晨七時起行，九時半達洗象池，再登至大乘寺，積雪沒路，同行張營長約午餐於接引殿，以閻王坡不能登，勉上二、三十級，滑不能行，只得折回，斯遊竟未得圓滿，可恨也。午飯於洗象池，復經華嚴頂，初殿，長老坪，息心所，觀心坡，而宿於萬年寺（磚殿）。十四日晨拜佛，遊磚殿及萬年正寺，即起行，經龍門洞觀魚，十一時抵報國寺，遊大佛寺，拜三丈六之銅觀音，午後三時半抵嘉定。十五日專署祕書趙君，以滑竿來，同遊烏尤寺、東坡樓、凌雲寺、拜大佛，飯於陳莊，渡江歸抵嘉定。十六日由嘉定起程歸抵成都。自此次後，我視察閬中一帶及東行，內子均同行。

閬中之行　經新都時，曾遊寶光寺及桂湖。由三台到閬中，往返皆乘肩輿行，沿途乾旱，田土均荒，其象甚慘，在三台境內之秋林驛遇祈雨者，手捧關帝、孔子、文天祥、孫中山神位，奏俗樂，可憐亦復可哂。在富村驛，見災民二百五十餘人叢集。在大橋驛，又見災民百餘人，曾各以銀元十元賑之。歸途中，在閬中南部份界處之大猴極地方，見有二榆樹為災民剝皮已盡，為之酸心。由綿陽縣道經梓潼至劍閣，由田專員夫婦陪余夫婦遊劍門關，同遊者另乘大汽車，至離關五里處，輪軸忽斷，飛墮山下，亦云險矣。

榮昌之行　榮昌為我故鄉，四月四日，由資中經內江、隆昌抵此，自我有生以來，已五十餘年迄未一履此土，一旦還鄉，其為狂喜，自不待言。行抵縣城，一時觀眾，尤為稱盛。是日我宿縣府，處理公務之外，因咯血，未多酬酢，伯雙姪來談。夜六嫂之女，五嫂之媳，來談。

五日晨上仙桃嶺祖墳（尚德公），拜始祖祠，午後上紅岩坪祖母墳，至盤佃家一看，盤已入城，其妻及孫婦曾孫婦出見，有玄孫數月矣，惜其子媳早夭，否則五世同堂矣。我於祖宗廬墓所在，徘徊景物，某山某地某屋某樹，都能指點，並不生疏，良由得力於幼時口唱之兒歌，念念不忘，故能印象特為深刻，因之重念先君所以為後輩設想者，實無微不至，否則如我之自幼及長，長隨先君在外，即自長而老，亦僅得一歸，又豈能認識本源所自，油然生追遠之思耶。是日本城各機關宴於縣府。楊炳維姪女婿（秀姑之夫）趕到，當伯雙面，命將管理田租事，交與炳維。

六日拜建威公祠，族人集者百餘，續五伯父之繼室在焉。午後拜候陳國璽及其夫人（現任榮昌女校長），晤余蘊蘭之弟，訪炳維留飯，定明晨離榮昌。此行在故鄉不足三日，回到祖宗廬墓地方，亦僅僅一度，真是我生最足珍貴之一瞥矣。

瀘縣自貢之行　自七日凌晨別榮昌赴瀘縣，先車行四十里，繼輿行百六十里，始達瀘縣小市，渡江至地院，已將九時，是為輿行最長之一日。九日閔專員衷處長約赴忠山江山平遠堂午餐，又往南門外綠陰茶室啜茗，乘馬行三里。十日自瀘縣起行。十一日經富順抵自貢，熱至八十五度。次日看鹽井火井。十二日由自貢至內江，中途坐車彈簧斷。隨員下車步行四十餘里。此數事皆為此行之可紀者。

黔省之行　四月十八日凌晨自重慶渡江至海棠溪，適昨夜江邊大火，延燒數千家，慘矣。次日午後抵貴陽，是為我癸未出生之地。二十日拜候文武各機關首長，楊森（子惠）先生時住四川會館，先君所手建也，遍覽一週。二十二日由貴陽赴鎮遠，過鑪山縣，遇京滇公路週覽團車。二十四日自鎮遠歸貴陽，過鑪山時本擬在此午膳，司機謂店鑪壞，恐一時不及煮飯，乃又前行至前日之馬場鎮三合舖，飲啄洵前定哉。抵貴陽後，往訪週覽團於行營，晤褚民誼團長及姜超嶽（異生）、劉蔚凌、衛挺生、何遂（敘甫）等，龍潛（月廬）、楊宙康適外出未遇。次晨週覽團至花閣寨訪問農村。我亦偕內子同往，其地距省三十餘里，為風景區，遇團員褚、楊、衛、姜、何諸君，共攝影於清暉樓。回省後劉、龍、楊團員來訪。是日同行孟科長患淋巴腺炎入醫院。二十七日自貴陽歸，次日回抵重慶。此行在黔勾留達旬日，旅程之久與閬中一行同。

北溫泉之遊　五月十日晨自重慶登民寧輪，赴北溫泉公園，費院長同行，午前十一時半抵公園。三峽實驗區建設主任及軍法承審自北碚登輪，隨至溫泉招待午餐，住數帆樓。午後登縉雲山至漢藏教理院，華舫師歡迎績講後即下山。五月十一日晨附民慶輪歸，途中遇軍米船，押運隊士放鎗制止快行，疑為盜刦，可笑也。十一時半到渝。

全程雜記　此行係屬因公，故每到一地，關係機關皆有迎送，尤其閬中之行，入三台境後，經過鎮市，雖無甚關係之地方機關職員隊丁，亦勞迎送。至三省政軍當局，亦例有過從款接。在成都停留時間最久，親友亦最多，讌會甚頻。二月十日為舊曆除夕，在岳家鄧五嫂處吃年飯，又至內弟鄧叔才處預祝其生辰。次日元旦往叔才處賀年拜生，伊家有堂戲，演三難新郎及掃華堂，皆新郎故事，感觸舊情，淚下久之。出京時銓敘部司長宋香舟，託代向川省政府交涉銓敘事，我於試事發榜後，曾與省府鄧祕書長商談，後來鄧交節略，主適用邊遠省份條例，余主即成立銓敘委員會，意見頗接近，其後又洽商一次，即告結束，是為此行非正式任務之一端。

在三省遇見之親友有鄧叔才夫人、楊文昭姪倩叔蘇姪女及其兩子、鄧大根、鄧崇盛、蕭瑞丈（似村尊人時任金堂縣法官）、嚴光熙（叔才連襟金堂縣長）、黃墨涵、謝叔庵、林梅生、鄧明叔、羅春士、徐叔文、彭學忠、楊佑之、巫翼之、夏亮工、郭昌明、朱之洪、曾寶森、黃金鰲、嚴嘯虎、黃素暉、鄧晉康、趙松森、王伯謙、徐申甫、唐潤賡、胡軍長、李其相、羅桑喜布、戴家齊、鄧仲輝、劉景威尊人、馮舉安、范書記長、趙百符、徐幼常（日本鐵道學堂同學）、張營長、孫軍長、蔣特生、趙團長、傅真吾、蕭似村新如夫人、夏斗寅、徐源泉、李市長、陳元白、成靜生、巫翼之之子及婦、曹纕蘅、林春煦（民國法校生）、何北衡、賀元靖、謝元忌、羅莘農、法尊和尚、陳維東、劉建民、以上諸友，有舊雨亦有新知，而四十年前業師陳蓮知夫子，在由貴陽回重慶路過綦江時，亦得以車迎至縣府，一親顏色，尤足歡慰。往返兩次經過漢口，均曾渡江至武昌，上先農壇祖墳，勸農亭先君及鄧楊各墳。往時並曾往候席三丈楊宅及佛教會家庭社。親友中晤見者有楊思廉、余調生。返時亦曾訪古德庵楊、毛兩宅及佛教會佛學院，並曾登黃鶴樓，往紅十字會產科學校女居士林各處。又自離京日起按日唸〈亥母咒〉，至三月十六日止，圓滿十七萬遍。三月十七日起按日唸〈無量壽大咒〉，至五月十四日到京日止，共唸二萬二千三百五十遍。又四月十七日在重慶金剛塔佛學社受〈金剛亥母法〉。凡此亦為我此行在佛教方面小小修持之足紀者。

司法行政部易長

我回京時、中日兩國情勢已甚惡劣，不到兩月、七七事變便起。司法行政部先有川滇黔三省司法人員臨時考試計劃、並定八月十五日在貴陽舉行、六月間業經考試院照准，七月二十七日府令特派太蕤先生任典試委員長，大蕤先生奉令後飛黔主持。不料在此期間，司法院忽於八月四日向中政委員會提議，請以謝冠生任司政行政部長，太蕤先生免職而無下文。因之張溥老大為不滿，林主席、戴季公亦為之詫異，而謝冠生先生也就因此，遲遲不到部接事。後來直至政府西遷到重慶之後，中央才將太蕤先生調長公務員懲戒委員會，總算彼此面子，都敷衍過去，於是此一場戲劇，始告終結。

現在且將七七事變起至政府遷渝止，這一段期間、政府應變及司法行政部與我個人情況，略為說明。

自七七盧溝橋變起，政府初猶希望藉國際條約關係，遏阻日本兇燄。七月十七日　蔣公在廬山談話會上，對國內朝野作嚴正表示。二十日回京，仍注重日本撤兵交涉問題，冀有和平一線希望。詎日軍辛步緊迫，七月二十九日我軍宋哲元部撤離北平、天津經激戰後亦告陷落，日復擴大其軍事行動，深入冀察邊境之南口要衝，狠烈攻擊，至是蔣公認為國家民族已到最後關頭，八月十二日國防會議決議實行抗戰各種重要問題。次日敵海軍陸戰隊向我上海之江灣閘北進犯，於是八一三上海戰役開始，我以主力使用於此方面，不惜任何犧牲，與敵強韌作戰，十四日敵以重轟炸機十三架襲我杭州，與我空軍發生殲滅戰，我軍擊落敵機六架，敵於二、三日間復大集敵機，日夜分襲我杭州、嘉興、曹娥等機場，又襲我首都，經我空軍擊落三十餘架，敵號稱精銳之鹿屋、木更津兩航空隊，被我殲滅殆盡，素以戰略著稱之木更津司令亦因而切腹自殺，此為我空軍創下一鳴驚人永垂不朽的戰績。至陸軍方面，我與敵相持至九月十日以後，因陣地被敵突破或失陷，屢遭慘烈犧牲，博得國際同情。十月下旬移轉部隊，十一月上旬敵由杭州灣北岸登陸來犯，淞江被陷，我淞滬陣地感受側面重大威脅，乃施行全線撤退，國府於二十日移駐重慶，發表宣言，昭告中外。

關於司法行政部情況，在太蕤先生公出期間，由政次洪陸東代部。在八月四日以後，因部長地位動搖，在職人員心理上之徬徨，自不待言。加以滬戰發生，首都不時遭受空襲，機關疏散辦公，及各方戰局逐漸都在轉進，益覺惶惶不安。九月二日司法院談話會，決定所屬機關派員赴武漢籌備遷移事宜，既而中央又有疏散人員之議。二十三日太蕤先生回京，次日本部疏散人員辦法決定，分為七五四折兩種。十一月上旬時局益緊，總務司方面人事有變動。十六日決定本部明日上船赴漢轉渝，人員留五分之一，遣散者發三個月俸薪。

關於我個人情況，因我家在滬，滬戰起：

八月 十四日午前八時攜椿兒赴滬。次日午始抵南站歸家。二十三日往梵王渡車站乘車返京，到站車已開行。二十四日午後二時赴西站乘車，四時半登車，五時開行，次日午後一時抵下關回部，並往金銀街辦公處一行。

九月 二日謁戴季公，命賫班禪大師捐款千元上寶華山。四日午後登寶華，交去捐款，詣地藏聖像前拈香。次日午後已戒行，因大雨而止。六日凌晨下山，七時回部。七日謁季公於寧遠樓覆命。十日楊子惠先生來訪。次日派何小連赴申接眷。十二日參加同鄉會歡迎楊子惠。參觀公園陳列之日機。十八日全眷抵京。次日往第一公園看日機陳列，參加普照庵仁王法會。二十一日敵通告使節，將大轟炸首都。次日上下午敵機均來，中央黨部廠後街火車站均被炸。椿兒等登招商江新輪赴漢。二十三日內子登三北龍興輪赴漢。二十五日敵機日夜五次來。

十月 十日午前六時舉行開國紀念。至普照庵禮佛。十六日徐堪（可亭）、張群（岳軍）招陪熊克武（錦帆），座有但怒剛、黃季陸、呂漢群、陳伯修及川軍李參謀。二十一日訪熊錦帆，知尚在八卦洲未歸。二十二日大士聖誕，詣普照庵進香。二十四日偕汪三、古五遊五洲公園，啜茗荷園，飲於亞洲之川館。參諾那佛塔，遇彭養光。午後謁季公，值午睡候二小時始晤見，蔣公忽臨，再候一小時始再晤談共飯，六時告別。二十七日遷入十八號之一新宅。季公讌熊錦帆招陪。悉昨大場失守，郭汝棟一軍僅存六百人，楊子惠部損失八千人。三十日為上海地院築防空壕事，與陸東發生意見，告休沐數日。

十一月 一日呂漢群邀陪傳真吾。三日陸東來勸駕，允明日到處。九日訪季公，值讌傳真吾等未入，十日訪季公長談，不以王就懲戒會為然。十三日為慰勞金改五個月事，與陸東幾衝突。當夜陸東招飲食蟹，始知今日是他誕辰，共高歌，深夜乃歸。十五日歡迎劉甫澄於國際社。十七日晨至金銀街辦公處收拾物件後到部。午後二時與陸東赴下關太古輪埠，不見庶務人員，乃轉至三汊河換小划至所僱之木船，逼窄不安，至夜七時乃由小輪拖回下關。八時餘聞長沙輪過京不停，乃回住首都飯店。十八日午後一時陸東乘汽車赴湘轉漢。十九日午後登江華輪，船上凌亂不堪，蕭參事代佔得特等艙位。二十日船上遇石瑛（字衡青，卸銓敘部長改任湖北建設廳長）、葉溯中、馬旭樓、宋香舟，午前九時開行。次日過安慶九江均不停。聞一老人被擠入水，鐵道部某科長失足入水，另一人亦入水，可慘矣。二十二日午前三時到漢口，回同興里寓所已五時半矣。二十三日夜偕眷屬登三北輪赴宜昌、審計部蒙藏委員會人員均同船。二十四日午前十一時開船，本部仇祕書失足跌於貨艙中，幸無大礙。二十八日抵宜昌，住海關俱樂部。二十九日登民享輪，十時開，晚宿秭歸。三十日宿夔府。

十二月　一日宿萬縣。二日宿忠州屬高家鎮。三日宿長壽縣。四日午後一時抵重慶登岸，逕至法院旁二號預租之房屋住入。次年一月太蕤先生交卸部務，余亦脫離是部。

十年間在佛教的弘法與修持

我在佛教方面，自民國十七年起至二十七年止、弘法與修持兩者，都未稍懈，中間亦有若干新發展，茲彙述於次。

先是民國四年，內務部頒布管理寺廟條例，一般僧徒深覺不當，醞釀組織，保教保產，久無結果。十七年間，張溥泉、李烈鈞（協和）兩先生建議，先成立中國佛學會，諸山大德如諦閑、印光、太虛大師均參加。後又成立佛教會，仍保留佛學會組織。其時會友對於佛教會之成立，恐有誤為佞佛者，故未公開。我與此兩團體之成立，均始終其事，其後並因會務進行，佛教徒內部發生歧見，我亦常在漩渦之中。印順法師編纂《太虛大師年譜》，有扼要記載。茲轉錄其有關於我者如下，以見一斑。

十七年七月二十八日，南京毘盧寺成立中國佛學會籌備處。（《年譜》二五六）

十八年四月十二日，中國佛教界切感於中國寺廟條例之苛虐，由中國佛學會謝健、黃懺華等，會同江浙佛教聯合會，召集十七省代表，開全國佛教代表會議於上海，決成立佛教會，擬定章程，呈請黨部及內政部備案，並請修正管理寺廟條例。（《年譜》二八九）六月三日至五日，中國佛教會章程得內政部准予備案。（《年譜》二九二）十一月二十九日，南京中國佛教會開成立大會於萬壽寺，大師當選為會長。（《年譜》二九九）（按此次大會並選出梅光羲先生與我為副會長。）

十九年十一月一日，中央大學郃爽秋等之廟產興學運動復活，發表宣言……於是僧界又復震動，佛教會現代僧伽社一致呼籲反對。（《年譜》三一三）（按此項反對，我亦置身其中，次年高考闈中並有答郃爽秋一文見前。）

二十年四月八日至十日，大師出席上海之全國佛教徒會議，被選為執行委員……會議改選結果，大師一系獲勝利，一向包辦操縱之滬杭名流失敗。仁山、台源、謝鑄陳、黃懺華並任執委。十一日，中國佛教會開二屆第一次執行委員會議，聞蘭亭來函辭職，當推太虛、圓瑛、仁山、台源、德覺、王一亭、關炯之、黃懺華為常委。下午開第一次常務會議，圓瑛來函辭職，大師與仁山、王一亭、謝健等全部接管中佛會，移至南京毘盧寺。時以圓瑛等辭職，諸山承認之經費，抗而不繳，不合作運動陷會務於無法進行……。大師鑑於事之難行，亦於六月三日聲明辭職。十四日上海部份執委，以協和挽留名義，於上海功德林召開第三屆二次執行委員會。其議案。一、王一亭居士提議請辭職各執監委員一致挽留請求復職，議決通過去函敦請。二、王一亭居士提議南京設立會所，上海仍設駐滬辦事處，並於四屆大會提出追認，議決京會請太虛法師、謝鑄陳居士主持會務，上海設駐滬辦事處，常會由會召集，或即在上海開會，公推圓瑛法師暨王一亭居士為辦事處主持，有事開會公議……。此非協議挽留，實乃偷天換日，棄京會於不問。大師佛教會工作，完全失敗。六月二十八日，大師離京抵北平。七月二日發出退職通告，以明今後之責任。（《年譜》三二二至三二六）（按關於佛教會爭執事，我亦受人誤會，觀於黃健六〈致滿智書〉中有云：「一時知名之彥謝鑄陳居士……」來書，亦斤斤於職責去就為辭，何示人識量之不廣耶。）（《年譜》三二八）

二十二年五月十四日，大師於南京中國佛學會，開講三十唯識論，來會恭聽，有黃攻素、張大千、汪培齡、范本惠、林仲如、姚雨平、周仲良、謝健、黃懺華等百人。（《年譜》三五八）

二十四年五月二十六日，大師於南京中國佛教會，講優婆塞戒經，羅普悟（曜青）記，成優婆塞戒經講錄，法會為戴季陶、居覺生、王用賓、焦易堂、彭養光、褚民誼、謝健、仇鰲（亦山）等發起者，至六月二十三日，法會圓滿。（《年譜》三八五頁）

二十六年十二月二十六日，大師與謝健假佛學社，召開中國佛學會臨時理監事會議，到許崇灝（公武）、周仲良、陶冶公、歐陽復明、廖維勳、陳澤普、寧達蘊等，議決佛學會遷渝，借設會所於長安寺，函聘王曉西為常駐幹事。（《年譜》四二六）

以上均為組設團體法會有關於太虛大師者，自可於《大師年譜》中得其大概，其無關於大師者，當然難以悉舉。茲就記憶所及者，附列於此：

二十一年一月杪，政府遷洛陽辦公。四月間戴季公至洛，鑑於國家多難，人事紛紜，政失其統馭之力，教失其濟度之旨，正法既晦，伽藍亦衰，如白馬寺為摩騰、竺法蘭兩師東來弘法之所，實為佛教普及之先河，殿宇幾為廢墟，僧伽亦頻絕境，慨以復興此祖寺自任。除籌輸萬金外，並發起向全國叢林，各地教會，比丘居士，眾善信人，竭誠勸請，大沛財施，並望各方迅推仁賢來洛，主持施工軒產布教興學諸事。此函既發，季公即西行視察，並以其時我適隨同政府在洛，遂以聯絡接洽之任見委。其後政府還都，關係白馬寺復興事宜，我猶不時參預。

同年十月間，班禪大師在北平修時輪金剛法會，季公以京中政務冗忙，不克躬參講席，乃託我夫婦，代表季公夫婦同參勝會。我自十四年三月到過北平，恭聽太虛大師講仁王護國般若經後，已七年有餘不到舊京，此番得此機緣，參加班禪大師修建法會，自然備沐隆施，優蒙法利，亦是我生平佛緣不薄之一證。

二十二年十二月中，西藏達賴大師圓寂於拉薩，政府同仁擬舉行追薦會，因班禪大師駐錫百靈廟，正在籌備來京，於是遂定俟班禪大師蒞京主持。二十三年一月下旬，班禪大師到京，二月十六日追薦會開始，歷時兩日圓滿。此一法會，所追薦者與主法者，均即身是佛，既不同於常人，而修建此會者，亦有異於尋常之齋主。戴季公認為國體民俗，人情物理，均須兼顧，過與不及，皆有不可，因我是佛教徒，又被派擔任設在雞鳴寺之誦經壇佈置一切。關於壇場如何敷設，禮儀如何適當，供品如何合度，經咒如何持誦，皆前無所因。雖然百事有季公及蒙藏委員會石青陽委員長主持，又有班禪大師可請開示，但要「辦到莊嚴妥善，有禮有節，可令邊遠之人，見得中央法度禮儀之周」（以上是季公致石委員長函內語），責任並非小可，我嘗慄慄危懼，中曾一度請辭，未蒙允許，後來結果，總算尚未誤事。

我自民國十年學佛，一直追隨太虛大師，因大師不專一宗，向來主張，弘法不局於一宗一派，故我同時也學習密宗。十餘年來，我和這方面接觸頗多，但事實零細，難於分年記敘，願於此略作一綜合簡述，因為二十七年以後，我對密宗的學習，再無新發展也。

中國密宗，大別分東密和藏密。東密始於日本僧人覺×阿闍黎到北京，與太虛大師晤談，大師樂於為之倡導，並命大勇師（法名傳眾俗名李錦章）往日本高野山（東密最大道場）求學，同往者尚有持松（湖北人非太虛大師弟子）。二人先後學成歸國，在武昌，李隱塵居士（李開侁曾任廣東民政長）約了十餘人，修「十八道法」，此法由大勇師轉傳「一即一明法」，這便是我學習東密之始。時間大約在民國十幾年，詳細年月，早已記憶不清。後來大師又派大勇師入藏學藏密，同時還帶了入藏學法團一道，僅到打箭爐，即後來西康設省後的康定），因未得達賴許可，遂中止入藏，改在西康學習後東返。我學藏密，不授自大勇師，前後師父很多。雍和宮尊者白喇麻，被請到南方，我在漢口，跟他學了幾種。再則為多傑格西師父，曾上廬山大林寺，孫厚在為他開一次藥師法會，我跟這位師父，在廬山和漢口，學法六十種以上。民國二十年以後，多師父在北京保和殿與杭州兩處，宏揚時輪金剛法，是班禪大師主法，我均曾參加，在保和殿那次，我並是國府林主席及戴季公個人代表。民國二十五年，我夫婦同在南京學「頗瓦」「開頂」，師父為聖露活佛，雲南昆明人。參加者共分兩班，內子與楊杰（耿光）、李子寬等人為一班，地點在耿光家裡。我這一班，地點在張篤倫（字伯常，後作過西昌行營主任）家裡，稍早一點完畢。我在這次「開頂」後，正好趕上奉命四川典試與視察。另在紅教方面，我從西康之呼圖克圖諾那活佛學法甚夥。白教方面，從貢噶活佛只學過「紅觀音法」。再因包壽引的關係，我被引拜見十位喇嘛以上。我的名字「羅桑群尊」，便是由班禪大師賜予的，我學習密宗的經過，大致如此。

兩任參政員

二十七年春天，我卸卻司法行政部常務乃次長以後，四川省參議會連續選出我為第一二兩屆參政員。二十七年七月一日，第一屆國民參政會第一次會議，開幕於漢口，全國各階層各黨派傑出人士，濟濟一堂，共襄抗戰建國大業。開幕後，我並被選為駐會委員。我參加此項工作，一直做到三十一年九月。同在司法行政部時間一樣，也有三年多。我所促成的重要提案，自覺值得一述的，僅只兩案，另敘於後。

第一、是通緝漢奸汪精衛案，汪原係參政會議長，當其在職期間，常私邀參政會同仁，至其寓所盤桓。我因不喜其人，從未上汪家私宅一次（參政員中恐唯我一人），故素無恩怨。二十七年十二月下旬，汪忽潛赴河內，隨即發出艷電，通敵叛國，逆跡昭彰，我乃往見參政會副議長張伯苓先生，力主召集留渝參政會同仁，應有所表示。不意喜饒嘉錯竟然反對我的主張。何以會產生這一反對意見，必須一敘喜喜饒嘉錯的來歷。原來青海省政府委員黎丹（雨民）深通藏文，曾編纂漢藏字典，戴季公向他諮詢邊政，黎即呈獻字典，並介紹喜饒嘉錯其人，深通佛學和西藏文化，在西藏為一學者，乃由季公介於政府，時正由汪精衛執政。中央遂以顧問名義（黎雨民介紹之意止於講學）邀請來京，初住蒙藏委員會，一般佛教徒都前往崇拜。我覺得他所講均官場中話，不類佛門中人，故與之絕少往來，此即喜饒嘉錯依附汪的開始。自他表示反對主張，會場中正反意見紛歧，張伯苓先生頗感踟躕，我即邀約曾琦（慕韓）、李璜、張君勱和另外好幾位同仁，堅持原議，並經留港參政員響應，終於在渝召開大會，通過緝汪案。繼之二十八年六月八日，國府正式頒發對汪逆之通緝令。漢賊原不兩立，從此抗戰壁壘，為之一新。至於喜饒嘉錯，在西藏抗暴事件發生，報載他在為匪作倀，狐尾畢露，更無所遁形，可嘆。

第二、是促組佛教訪問團案，這一案動機的引起，是一位朋友（只記得姓王，不知是否王禮錫）從新加坡歸來，在私人談話中，他說，日本對東南亞一帶宣傳，把在我國的侵略，歪曲為一場聖戰。其理由為中國政府首腦，均為基督徒，則中國將變為基督教國家，日本與東南亞，均為佛教區域，應共為護教而戰。我深恐積非成是，二十八年九月一日提案於參政會，促速組織佛教訪問團，赴東南亞一帶，以破除日本軍閥的妄說。本案幸獲通過，於是同年十一月底，太虛大師率領佛教訪問團出發，遍訪緬、印、錫蘭、馬來、新加坡各地，直到第二年五月才回國。

在參政會裡，同仁間，平日瑣碎接觸談笑中，使我至今不忘的，是盧冀野的一付聯語。當時我因身體壞透，終年長在咯血狀態中，某次，巧逢史良與一位姓陸的律師結婚，冀野靈機一動，認為兩件事實，是一付好聯語，他告訴我說，上聯是「謝健不健」，下聯是「史良從良」，這對我固無所謂，而對史良來說，可謂謔而又虐了。提起史良，我又想起某次參政會討論「國民義務勞動案」，史良盲目維護女權，認為婦女不應向男性示弱，當規定男女平等參加國民義務勞動。我以事關重大，當即起立發言，「國民義務勞動，是義務而非權利，勸史參政員毋鶩虛名，而受實禍」。史無辭以對。傅斯年（孟真）先生當場認為我幫忙女性說話，並笑對我說，「二萬萬女國民，將擁護你」。參政會事，轉瞬又二十年，盧、傅兩先生已先後歸道山，史良如今墜入匪手，可謂從良不成。人事滄桑，令人浩嘆。

我任第二屆參政員期滿，政府以四川為民族復興基地，為了政治關係的運用，希望四川籍黨員，必須讓出三個參政員席次，以羅致當地非本黨人士。我遂於第三屆參政會（三十一年十月二十二日召開大會），卸去參政員職務。

重理律務

我脫離司法行政部時，陳布雷先生曾向當局建議，給我一個行政院參議名義，月支薪金三百元，我以於公於私，兩有不便，婉謝之，決定重理律師舊業。三十一年離開參政會後，我的生活，便專注於律務上。

在參政會這幾年期中，正是我國對日抗戰，逐漸轉入艱苦的階段。陪都重慶成為抗戰指揮塔，也成為日本進攻的大目標。自從二十八年，重慶首遭日機「五三」、「五四」兩次轟炸後，我家在市區，已經無法安居，實際也無必要。於是舉家先遷江北，繼在金剛碑買屋暫住再遷北碚，中間兩度搬上縉雲山石華寺，然後再下山由北碚卜居仁厚場桂花坪，直到抗戰勝利才離開。茲將歷年卜居及營業情況之足紀者分述如下。

第一次遷居石華寺

石華寺對我，是一個值得一記的地方。第一次卜居於此，是在二十八年夏天，一則為避免日機濫炸時「跑警報」之苦，再則也是為了養病。那裡離北碚約十五里，山深塵遠，環境十分幽靜。附近隣居，有陳布雷、王惜寸、陳銘樞（真如）諸先生。林語堂先生當時由國外歸來，也在此住了一個時期。所感缺憾的，是交通不便。上下山的交通工具，只有滑竿一項。幸好內子年輕，常常往來於石華寺與北碚間，上上下下，買東買西，親身料理各項家務，一走就是三十里，習以為常。陳真如住宅，正好在必經之道的路旁，他見我內子那股勁，常常說「謝家太太真了不得。」

那年夏季，我忽然大量咯血，百餘日未下牀，病中恐不起，預為往生計，潔室設接引像，面西臥向之，又向漢藏教理院借得《藏經》及《海潮音》一讀，於淨土宗著譯經論，大致涉獵一過，略記其名義著者及大意，從復讀淨土崇中，夢室所著《淨土經論提要》，頗為詳盡，惜僅數十種而止，未畢其業。病中感念身世，曾偶成一律云：

因緣歷歷中空假，身世茫茫老病貧。
休問狐狸容醉尉，尚餘鹿豕件狂人。
來禽青李花如故，駱馬楊枝跡已陳。
何日收京下於越，九谿松谷作山民。

血疾纏綿，久久不癒，內子深覺山上對養病無益，待病況略穩定，遂堅持下山，到北碚居住，易地療養，一觀究竟，我只好依允，那年冬間，就移居北碚。

第二次再上石華寺

我居北碚到二十九年七月，又將家搬上石華寺。這次在寺中發願，閉準提關一個月，護關者為一位叫小何的長工，這在我一生中，是第二次閉關。早先一次，民國十幾年在漢口佛教會，閉關七日，並無若何心得。那次出關後偈語是：

七日關中。平平淡淡。渴時飲茶。飢時吃飯。

佛既不來，魔亦不見。問我如何。這回不算。

自從那一回後，一隔十餘年，才有石華寺的第二回閉關，不料我在閉關期中吐起血來，遂無結果而終。以從更無第三回，由於多病，身體弱，只好算了。二次上石華寺，我也曾得句云：

久病床前無孝子，多金機下有賢妻。
時來不覺羊頭爛，運去方知狗眼低。

滿肚子不愉快語，亦可見當時身處逆境的一種情緒。石華寺大概與我宿病不宜，二十九年秋後，我家下山，由北碚而仁厚場，遂未再去過。

移居仁厚場

仁厚場地方荒僻，但因重慶實驗法院疏散在此，我為律務關係，亦就便移居。一住下來，整整四、五年不動，平穩渡過了抗戰中最艱苦的一段日子，這對我家而言，真是既「仁」且「厚」了。

我家租的是桂花坪姓趙的房子，那裡離仁厚街上不遠，約莫十多分鐘路程，房子很大，主人是一對老夫婦。說來頗偶然，未遷去前，我在重慶，碰上一位大概是姓古的熟人，因為躲警報，曾向趙家租過一間屋子暫住，無意中和我談起趙家的事，那對老夫婦本來有若干田地，經不起兒子抽鴉片，全押給當地一個紳糧，無法收回，一直過著窮苦伶仃的日子。我與趙家兩老並不相識，僅憑旁人一席話，動了惻隱之心，再加上一股豪氣，自願替他打官司，設法將田地收回。兩老聽了，又愁沒錢付我律師費用。那幾年我的經濟景況尚好，不在乎些須一點錢，乾脆免費，義務代為訴訟。那場官司和解終結，為趙家爭回一半田地。老夫婦感激的了不得，等到聽說我家要搬去仁厚場，就讓出了一半房屋給我。所謂一半房屋，共是四個相當大的房間，一個大客廳，和一條長的走廊。難得大門外一顆老桂樹，每到秋季，香飄滿室，淡遠幽微，尤可令人忘俗。在抗戰期間，有這樣房子住家，已經很不錯。

主客相處融洽，房租自然公道，物價雖節節上漲，從來不聽談起加租。一直由我自動替他們將租金照時價逐漸增高，彼此客客氣氣。可是在仁厚場，地方既小，歲時伏臘，隣近人家請酒吃飯，總有碰頭的機會。紳糧老爺本人，肚子裡對我不滿意，倒也不敢開口，他那位太太卻不然，常常酒席筵前，藉故含沙射影，嘮嘮叨叨，發洩發洩。對於這般鄉愚女流之輩，我當然一笑置之。俗語說，「治一經，損一經」，也可見好人難做。

律業情況

民國三十年後，我的律務漸冗。直到抗戰結束那幾年裡，我經常白天出庭，深夜撰稿，除了咯血老毛病發作，臥病休息，總是忙得不開交。原來我尚有閒暇讀書，寫札記，從那時以後，便漸漸荒廢。仁厚場事務所，只是我執業處所之一，另外我在重慶市區南京商場，掛有律師牌子。對外總有些應酬，都使我無法蟄居仁厚場一隅之地。大概冬春兩季，重慶空襲不緊張的期間，我便留在重慶，夏秋警報多時，就到仁厚場暫避。平時重慶與仁厚場兩地之間，因案件關係，我也經常不斷往來。

從重慶到仁厚場，有兩條路好走，一是由水路，乘長江小火輪到漁洞溪起旱，再坐滑竿約十餘里到仁厚場。一是經公路，由海棠溪坐汽車到南泉，換乘滑竿亦可以到。當時公路車擁擠，到仁厚場一般都取水路先到漁洞溪。漁洞溪便成了今日所謂「司法黃牛」集中地。四川的下層社會，脫離不了袍哥勢力，當地的龍頭大爺，對於介紹訴訟案件，也插一手，難免有包攬情事，黑幕自然更多。但在四川鄉下當律師，非常受人尊敬。當事人來請托時，總是進門先送禮，母雞一隻，雜糖一包，最少免不了。開庭之日，先替律師叫好滑竿，當事人在轎前帶路，到了法院，連我的聽差小何，也由當事人在法院附近茶館中，泡上一碗茶安頓好，再隨我出庭。人情味十足。不像在都市執業，完全生意經。所以我後來就是到了京滬，仍未忘仁厚場那段律師生涯。

再說到四川當地的律師，也很夠味。普通我們的一般同鄉，大體說來，就能言善辯，操律師業的自然又更勝一籌。近年我在台灣見到的許多同業，每到庭上，期期艾艾，甚至無話可說。在仁厚場法庭上的四川律師可不同，只聽見雄辯滔滔，滿口四川話，絕無冷場。明明輸官司，也要從豆腐裡找出骨頭來，濫纏一氣，辯論到底。勝訴一方面的律師，自然話更多，末了，說不定加上一點四川特有的土幽默，讓對方律師，甚或庭上的推事，哭笑不得。

再有幾件當時發生的事情，也可以一提。前面說過，仁厚場的律師相當受人尊敬，實際生活也過得不錯。可是司法官的待遇就慘了。在那小地方，就曾有這樣的故事，當地法院的法官，在田塍上走，迎面一位律師坐了轎子衝過來，竟然把法官擠落到水田裡。這是一個強烈的對比，事件雖小，含義卻大，中國司法界何以不振，由來已久，待遇微薄，實為原因之一。法官落水，由小可以見大。此一事也，另有兩件，是屬於我個人者。某次，有一位當事人來找我代理訴訟，不巧我恰接受了他的對方聘請，遂將實情告訴他，婉為謝絕。那位當事人發急了，他知道內子也正掛牌做律師，衝口而出說道：「那麼我只好請你太太幫忙了。」話雖這樣講，畢竟未成事實。不然，夫婦代表兩造，對簿公堂，大開辯論，這在中國律師界，恐怕算是空前哩。某次，一位同業姓陳，原是我執教湖北高警學堂時候的學生，其人素行不端，甚少往來。一日，他因一件烟毒案受累，求援於我。我適任全國律師公會理事長，不能坐視，而且志在必勝，除答應親自為他出庭外，並從重慶邀了幾位參政會時候同仁，都是當時鼎鼎大名律師，到仁厚場助陣。該地法庭上，能有這樣大場面的辯論，那是首次。結果勝訴，陳姓學生無事。這是我在仁厚場最不願辦而又盡力去辦的唯一案子。

居家情況

那幾年間，家裡的情況，也有不少變化，椿兒已娶妻成家，兒婦鄧耀楨，為我前妻遠房姪女。棪兒投効空軍，在印度受訓後，再渡美深造。楞、樺兩兒同進中學，住在校裡，回家機會不多。惟餘桂、枝兩女常依膝下。桂女長在重慶市區事務所，便於上學。枝女最幼，未到識字年齡，平常桂花坪只剩下她一個。必須等到寒暑假，學校裡幾兄姊都放學回家，家裡才比較熱鬧。不過內子和我同都好客。八年抗戰，由省外避難入川的親戚朋友，一時無法的，都到我家借住，我們一體歡迎。人來人往，甚至親戚的親戚，朋友的朋友，被留在家裡，一住三、五月，或一年半載不等，也是常事。這種情形直到勝利後，我家搬到上海，大陸淪陷，再遷來台灣，並未改變。

第六章　六十四歲至七十八歲（民國三十五年至四十八年十月）

勝利第一年

是為民國三十五年。經歷大要，分舉如下。

回滬執行律業　抗戰勝利，於三十四年秋間來臨，我卻正在病中。同年冬天，內子偕桂女等先行附輪東下，到京滬安排一切。我於三十五年一月五日乘機飛京轉滬，隨即在呂班路成立事務所，執行律業，經常僕僕風塵，於京滬鐵路快車中。

時局煩憂與個人情況之檢討　政府方面，與共產黨時在談談打打，烽火逼天，時局動盪，較之抗戰初期，氣象迥異，頗為煩憂。是年為舊歷丙戌，我曾在大除夕（國歷三十六年一月二十三日），將一年中個人情況，作一檢討。自一月由渝飛京轉滬，從事律業，五月兼京區律業，後來內子亦在滬執行同一業務，收入均不敷所出。蘭園房屋賣與考試院，得價六十萬元，以今日生活萬倍計之，尚不足當年地價及造價，經濟如此，自不能不另圖出路，而冬間發表合江高等法院院長之事，因係匪區又不得去。所幸者，身體較在川為健，夫婦和好，子女無忤，棪兒自美畢業歸國，差堪自慰耳。

勝利第二年

是為民國三十六年。經歷大要，分舉如下。

共匪叛亂戰事擴大　此一年中，共匪稱兵叛亂，已無和談可言，戰事擴大，國力損耗，民困益深。

太虛大師圓寂治喪經過與其經營之事業　本年佛運甚否，師門得力幹部福善師，甫三十餘歲，能文能講，忽出痘逝世。才二十日，本師太虛大師，又於三月十三日在滬玉佛寺中風。那時我適在京，得電趕回省視，已不能言語，握我手置胸際，表示不適，似尚能認識人。十五日大師病無善狀，李子寬邀同仁組醫護委員會，眾推子寬為主任。十七日看護報脈搏停止，師已上生，於是大眾同在榻前念彌勒聖號，出外痛哭。我自先妻至游歿後，多年未為任何人哭泣，今則不能忍矣，痛哉。即日成立治喪處，仍推子寬主持。次日大師入龕，面目如生，停樂老堂，治喪處開會，決議另組治喪委員會。十九日封龕，參加者三千餘人，有通訊社攝新聞片，各報競相記載，備哀榮已。我輓大師二聯，其文曰：

廿六年杖履追隨，許小子斐然，最難忘金寺傳燈，前川指月。
九萬里輶軒宣導，嘆大師逝矣，更誰令美歐起信，印緬皈誠。

尚友宗喀巴，革命起衰，先聖後聖其揆一。
遠交太戈爾，獻身救世，東海西海此心同。

三十日佛學會開理監事聯席會，我提議虛理事長之位，永久紀念大師，眾通過。四月六日治喪處開會，決定出殯儀仗行列，並決出殯後，治喪處改為大師紀念會。旋再開小組會議，對大師經營事業決議，重慶世界佛學苑、漢藏教理院、武昌世界佛學苑圖書館、海潮音三處，由現任之法尊、葦舫、塵空三人照常負責，佛教醫院放棄，大雄中學俟朱為瑞來申，由校董會決定，另組幹部會議，由印順起草章程，大師全書由印順法師負責。八日舉行大師荼毗典禮，靈龕由玉佛寺趨海潮寺，參加恭送行列者，長達里許，大悲法師率眾迎龕，善因法師說法舉火。

十日晨我到海潮寺，見荼毗兩窰已空，師靈早啟，至方丈，見多人圍觀住持心緣師所持照像底片二，其一有三佛像，中一尊面略毀，左右各完好，左者尤神似師像，其一則法尊葦舫諸人序立，前有一案，陳設骨罎，前亦立此三像。心緣師云：「是大師靈骨化出者，昨夕尊師等窮一夕之檢骨發現者，真不可思議也。」即詣玉佛寺，見諸師正闔戶細檢骨灰，有舍利數十粒，其透明者如琉璃，我請得三粒而歸。當日法尊、葦舫、塵空、淨嚴、亦幻子、寬馮、明政諸人，集議我家，議小組章程，定名為太虛學行社繼承大師，推行其事業，有權議決變更處理一切事業之人與事。十四日大醒、亦幻、淨嚴、塵空等奉大師舍利靈骨，至雪竇建塔。二十八日中國佛教整理委員會來函，聘我為大師建塔委員（按三十四年十二月十七日內政社會兩部訓令，依法組織中國佛教整理委員會，以太虛、章嘉、虛雲、圓瑛、昌圓、全朗、李子寬、屈文六、黃慶瀾為委員，並指定太虛、章嘉、李子寬為常務委員）。五月二十五日中國佛教整理委員會中國佛學會南京市佛教會，假南京毗盧寺舉行大師追悼會，我到京參加。六月六日國府明令褒揚大師，其文如下：

釋太虛，精研哲理，志行清超，生平周歷國內外，闡揚教義，願力頗宏，抗戰期間，組織救護隊，隨軍服務，護國之忱，尤堪嘉尚，茲聞逝世，良深軫惜，應予明令褒揚，以彰忠哲，此令。

中國佛教會舉行大會經過　五月二十五日中國佛教會同仁，於參加大師追悼會後，會於子寬寓所，商大會預備事宜。次日舉行預備會議，選舉主席團，我以十九票當選，此外當選者，為章嘉、子寬、葦舫、葦一、東初、雨曇、饒聘卿、亦幻等。又決定分四組審查議案，我被指定為第一組召集人，審查會章畢事。二十七午前大會開幕式，午後主席團開會，推定子寬、葦舫、東初、章嘉任各次大會主席，我被推任各組聯合審查會主席。二十八日大會後，主席團開會，議決延會一日，會計報告，收到大會籌備費一千六百餘萬元，今用竣尚虧六百萬元，每日須二百萬元左右，議決各省市經費加倍徵收，並加推我與雨曇輪值主席。二十九日大會，午後輪我主席，三十日大會後選舉理監事，有社會部派員在場監選，我與子寬親自發票，共六十餘張，選舉結果，我當選理事，得四十二票，內子亦當選理事，得二十六票。下午舉行閉幕式後，隨即開第一次理監會議，推常務九人，我又當選，接開常務會議。在開理監會議時，眾皆捐款助會費，我夫婦共捐五十萬元。

本年中有關佛門事項　此一年中涉及佛門事項，有足紀者，如與湯鑄新（字薌銘，化龍之弟）晤面，談及屈文六（映光）上牯嶺閉關，湯對密宗，除黃教外，皆不信仰，故不以屈等崇拜貢噶佛為然。湯自謂我既信仰一宗，即專攻之，決不中途改信他崇，學佛然，治事亦然。我覺湯在佛教，亦曾從大愚師（李時諳）習「心中心」，在世法上，亦曾贊帝制，後皆反之，似亦非從一而終之人，不過較見異思遷者，究勝一籌耳。

如某日赴常州鄉間，參加莊培新婚禮，宿其家廟，凡三楹，有比丘尼二，居士三，有女孩十四歲，家貧送庵為尼，憨態可掬，尚未落髮，甚秀麗，此種人即為尼，亦不明佛法，印光師所謂濫收徒也。

某日在南京佛學會，值熊道瑞講白教木訥祖師歷史，過於荒渺，殊非對初心學人演講所宜。且稱藏密在中國如何如何，似忘卻西藏為中國土地也者，奇哉。

八月二十五日在南京毗盧寺，參加中國佛教會常務會議，有黃健六居士自皖來，代表皖佛會向本會請願，派員到皖指導皖會清查佛教產業，常會甚表贊同。黃居士者，昔年受圓瑛等鼓動，攻擊我太虛大師，致我等十三委員辭職，本會從此歸圓瑛等老腐僧俗主持，直至抗戰勝利時，始歸太虛大師整理。黃居士自圓瑛等主持本會後，亦復覺悟，為文懺悔其搗亂佛會之罪業，對太虛大師甚表恭順，亦可謂知過知悔之人矣。

八月杪遊焦山，入定慧寺遇見現月師於廟門，導入佛殿拜佛，登華嚴樓，若山法師來招待，知東初住持為某奸人所陷，押京衛戍部，孫立人將軍夫婦住寺內，為之奔走，可望保釋。

十二月七日登金山，訪葦舫師於禪堂，值正止靜，方丈太滄先出招待，葦師旋出長談，言及上海玉佛寺，將延其住持，金山亦將發表，此僧之住持運正隆，亦可喜也。太滄師設素麵款待，並贈大菜包數枚，此為金山名物，每枚大如菜碗，中人之量，不過一枚而已。

個人情況與一年中之檢討　本年照常從事律業，惟京區事務所，則於四月底結束。三月下旬，內子奉派任鎮江地方法院推事，五月中退出上海律師公會。六月上旬我之上海律師事務所，遷長樂路。七月二十一日我舉家移住鎮江九如巷，二十三日內子赴地院就職，開始任司法官。我既不入仕途，同住一處，從此亦成為內子之官眷。

九月上旬，由九如巷遷居正東街。是月法學編譯社，聘我為甲組會員，擔任研究現行法規，參加該社座談會，到十餘人，秦待士與我談甚歡。

十一月三十日在京高院，為梁長堯案出庭辨論頗烈，結果當庭宣判梁無罪，並即交保釋，實出意料之外，當事人及旁聽者，群相贊譽。興奮之餘，歸至寓所，始發覺皮包遺於車上，求之已杳。其中有梁案全卷，上海保管櫃鑰，牙質名章，法幣十二萬元，日記簿等，他無足惜，惟牙章為清末任武昌檢察長時，盟兄賈蒼注（天池）所刻，仿漢押極精，歷三十八年之患難播遷，都未離身，今失去，侘傺久之。

十一月八日由京回申，次晨一咳而血出，臥牀休息至十二日，心殊煩燥，思內子既不能即歸，又不能招之來，到此五日，一事無成，用繁而無收入，國事家計，皆在驚濤之中，老病貧之詩，又到心頭，如何如何，學佛三十年，一無所得，帶業往生而已矣。

歲杪，我亦倣去年例，至大除夕檢討個人一年情況，不過去年是用陰曆，今年則用陽曆耳。檢討結果，全年發血病三十五次，幾佔全年十分之一，念佛四十萬八千五百遍，念呪八萬三千九百遍，律業全停頓，為作律師以來最艱窘之年。所喜椿兒九月杪（舊曆中秋節）生一男，棪兒任職空軍飛行員，駐在瀋陽，已出動四十餘次，得七等雲麾勳章，期能為國家多建功業也。

勝利第三年

是為民國三十七年，經歷大要，分舉如下。

共匪得勢時局緊張　此一年中，共匪叛亂，已甚得勢，國軍應付，日感困難，士氣低落，人心震盪。政府因法幣貶值而改革幣制，發行金圓券，未幾，而金圓券之貶值，亦如法幣而加速。十一月間，徐州大會戰，歷旬餘，國軍又告挫敗。南京動搖，政府乃有裁遣人員，疏散機關，遷地辦公之計議。

個人生活艱苦改途無望　我個人生活情況，血病依然，律業更差，不得不另圖生計，親友知其如此，以為我藏身法界數十年，惟有法界工作，為最適當，大家都作如是想，如是行，孰知我運氣之懷，不特所如不合，即所有謀望，亦都成畫餅，乃至凡與我有關之處，亦同其厄運。如前年合江之陷落，去年海南省之不成立，贛首檢之不出缺，今年台灣特庭之不果設，皆是。我欲另闢途徑，進行中央信託局方面位置，已近成熟而中信局長吳任滄，又突以腦充血病故，豈真前定歟。

六親同運　七月五日，我在南京與陳伯稼同謁戴季公，值其正將出門上車，戴硬殼荷蘭帽，著藍綢長衫，形容枯槁，憔悴似古稀老人也者，且談且行，謂我曰，這幾天為病人（後來伯稼告知，所謂病人，就是趙夫人，中風將一月，尚未脫險），自己也病了，是神經痛老病。我說勿太勞。他說今天拜佛頭痛得很，前天在寶華山禮佛，七次繞行，約磕了幾十個頭都還好，唉，老了，老大哥，我作興還要找你這個窮人化緣呢。我說是的，記得那種小說（後來記得是《野叟曝言》）載，借錢是要向窮人借的，富人是不肯出的，不見救濟特捐情形麼。他說還是當初四個人滾地板的時候好，現在老了，也滾不動了。顧伯稼說，我們當初是三個人同在一個頂小房間地板上睡呀，唉，我真怕見老朋友，見了要起感觸，老大哥，你說是麼。你那天向我那樣說，實在我的負擔不下於你呀。說著已走到車旁，握手登車而去，我最後與四十餘年老友的季公晤面情形是如此。十月二十三日我由松江回到上海，始知盟兄賈二哥蒼注，已於前日逝世，趕到其家，已移錫金公所大殮，又去於其靈前叩奠。先君宦黔時，席、賈、王、謝四家，交往最密，二哥即賈伯之後，金石書法名家，四川三台人，為我五十餘年總角之交，便如此長別，無限感觸欲哭無淚。十一月二十八日我內兄鄧叔才夫人來書，告知叔才病狀，附報單請題像贊，可知去死不遠，叔才也是我四十餘年妻族至親，現亦瀕臨此境。所謂六親同運，不其然乎。

舉家遷徙無定決計遷台　本年八月，內子由鎮江地院調松江地院，先期舉家離鎮遷滬，九月二十三日。內子至松江任職。月杪我到松赴地院晤之，尚係從前舊宇。民元我曾出庭於此，三十七年未到，略可依稀辨認。十月中又偕內子同遊醉白池，記民元曾遊此，今則景物全非，惟壁上華亭先賢像碑，與二百年以上之老榆樹尚無恙。棪兒三月間調平，十二月五日在平結婚，新婦孫毅如，河北人，婚後奉調台灣，十二日攜婦飛台，過滬暫停，同歸省覲，次日續飛赴台，我以棪兒之任軍職，而成為軍眷，因時局嚴重，正無所適從，於是亦即決計遷台，十五日內子結束松江任務，便從事於離滬赴台佈署。

本年中有關佛門事項　一月三十一日閱報，悉印度聖雄甘地被刺，臨死仍以手作式，表示赦兇手之罪，偉大哉此人，佛陀精神，如是如是，其他何足比乎。二月十七日。陶冶公來談佛學，謂雙身法乃外道，由文成公主入藏時帶去，純是採補方法，韓大載等時取少女作爐鼎，犧牲者不少，決非正道。

三月十七日開太虛大師永久紀念會，討論建塔事，急募十億元。午後舉行大師逝世周年紀念會，到者寥寥，散會後，再開佛教文化出版社發起人會。

南京大油坊街諾那佛精舍，我為發起人之一，四月四日開光，貢噶佛主辦，是日晨起趨精舍，先禮諾那佛像，再拜見貢噶佛，同道有孫厚在、周仲良、邱濬川、包壽引夫人朱同生、陳秉良等，開光畢，貢噶佛受皈依，傳藥師法。

金山寺不戒於火，四月十六日偕內子前詣憑弔，大殿禪堂如意寮等均燬，遍地瓦礫，天王殿客堂尚完好，不勝壞空之感。當家師妙法談及，霜老於戰前擬自觀音閣山上掘井，引水左右注山下，若有火警，即可消防，惜因循未果。又言，火起庫房，原因不明，時在白晝，非燃燈及焚香之時，我以為或係遊客吸紙煙遺香頭所致耳。

五月十六日至南京普照寺，開佛學會，推曇鉢為常務理事，訪陶冶公談心燈禪語。

七月二十三日覆法舫師函，告知大師訪緬團法物，應由學行社開會解決。

八月二十九日訪許潛夫談佛，伊亦主張大乘非佛說者。三十一日木光師持同門多人公函致漢佛會，請組大師遺物保管會，我亦加名。

九月十九日訪大悲師，其地福民農場，已改泉漳別墅署南園字樣，甚不易覓得寺門，而老尼咆哮如虎不開門，幸有小童出，乃得入。悲師見甚喜，云正閉關看藏，不出門，交金圓券二十圓，託匯交孫厚在，其意至殷。

十二月三日法舫師來函，告知大師塔落成，伊仍留武院主持。

遷台後盱衡時局

七七事變，我國以西爾半壁，抵抗優勢強隣，八年之間，卒收勝利之果。剿匪之役，我挾戰勝餘威，僅三四年間，大陸山河，竟致完全變色，其中因素，不一而足，說來滋痛，諉之氣數而已。自政府撤退來台，我的看法，台灣已是淮陰侯的背水陣，也是越王句踐的會稽。中間海南、舟山、大陳的撤守，我認為在備多力分，鞭長莫及的情況下是當然的。而對於 蔣總統復行視事，與韓戰反共義士的來歸，則具有莫大興奮。近年世界時局，忽張忽弛，正是吾人戒慎恐懼，奮發精進，供人考驗之資。四十七年夏間，國際情況，突現緊張，大陸群魔，效忠魔主，摩拳擦掌，叫囂隳突，杞憂之友，有問及者，我應之曰，殆天奪其魄，欲我十年悶氣，一為發揚乎，試思抗戰時，若倭人不發狂牽動太平洋戰事，馬關之恥，恐未必能如此速雪。群兒玩火，爆發則易，撲滅則難，號角一鳴，四方風動，三百年之滿清，何嘗計及亡國之速，歷史未必重演，亦未必不重演。又有計及犧牲者，我則尤不措意，望八老翁何所求，但望亡秦，何恤代價，刦到則應，時至即行，有債即須償，無因即無果，如是如是。未幾，而八二三匪砲瘋狂轟擊金門數十萬發大戰以起，我海空部隊配合守軍，堅強作戰，屢挫兇鋒，歷月餘日之久，金門屹立如故，固若金湯，終以造成台海保衛戰第一回合勝利。匪方慘敗之餘，雖不如我所樂觀希望，引發內部土崩瓦解，尚未至於不戢自焚，但我對遷台後時局，一貫的觀念如此，可說是堅定不移的。

十年來律業情況

我於民國二年，開始執行律業，為時極暫，即轉入司法界及行政界。十三、四年間，再度執行律業，十五年後又轉入行政界。直至抗戰軍興之第二年，脫離政界為參政員，一面兼營律業，三十一年後，又脫離議席専營律業。計自二十七年至今從事於律業生涯者二十餘年，而以來台後之期間，為最黯淡。此黯淡之分析有二，其屬於在我者，試加檢討，一嚴格不接受當事人無理由之訟案，嚴格不遷就當事人不合法之請求，三不能向當事人作決定勝訴之表示，凡此均為違反時下風尚之所為，而注定律業之不振。又加以最近年來老病之侵尋，心腸雖熱，體力已衰，更足拒人於千里之外。其屬於外鑠者，如本易解決之案，可拖延至經年累月而不能辦結，如示定庭期而任便更改，如開庭時間不能準確。而任便遲延，此在法官雖屬個人行動之微，而連帶受此影響之當事人證人律師等，其人力財力時間之損耗，則不知凡幾。律師貴在保障人權，凡有辯論陳述，無非站在當事人立場主張利益，此原執行律業者應盡之天職，聽訟者，固不無虛懷若谷善善從長之量，而自視甚高，無視一切，惟存我見，罔恤人言者，亦所在多有，甚或不問皂白，不分流品，嫉視盡言者，指為健訟，目為教唆，嬉笑怒罵，無所不至，並非尠見，此則施之常人，猶復不可，況以直道正義，有其立場者，寧能受此輕侮，幸而我佛之教，應不動瞋，在此情況之下，忍而不較，聊以解嘲。

抑訟獄之是非曲直，按之我國向來所奉為金科玉律之天理國法人情三要義。應可放而皆準，而我所辦理之案，其結果容有符此標準者，而與此標準相鑿枘者，亦往往而有，更有小案勝訴，大案敗訴，又有同一案情，勝負各不相侔，在我竟毫無把握可言，幾使平昔具有之理解信念，為之一掃而空，此真不能自解，惟有自咎其律運之否塞而已。我以近年司法，受人詬病，甚於過去，亦嘗以不忍人之心，盡其一份子之責，曾於四十七年春間，乘政府有行政改革委員會之設立，與同業東君同草〈中國司法改革之根本問題〉一文上之當局。此作破的主張，我意居多，但猶言之不盡，立的主張，李意居多，其中我不同意者亦不少，其最後一段大意，以「種種根本問題，固須相互配合進行，而尤為重要者，則司法行政首長，身負司法改革重任，非有深切瞭解，相當才識者不足為，非有充分決心，無限毅力者亦不足為。非有風度、有政策、有定見者不足為，有政策有定見，而政策不能實現時，不願退避賢路者亦不足為。」今已年餘，尚無聲無臭，大約亦如石沉海底矣，可嘆。

出版《法言》半月刊

四十一年九月間，我與同業吳澤坤、王家楣、李模三君，鑑於近來法學貧乏，已到山窮水盡地步，若干值得推崇論著，多已成為一、二十年古版，踏破鐵鞋，無從尋覓，新出版之幾本法學著作或雜誌，數目既極有限，且還曲高和寡，並未受到應獲的重視。至於一般書店裡的法律書籍，寥若晨星，連點綴都說不上，有的則甚至早已絕緣，以如此鮮薄稀少的參考資料，實難為了這輩芸芸學子。法學本不是一門簡單的學問，豈能憑一本《六法全書》，買空賣空，創造奇蹟。再看司法實務，亦復不敢樂觀，雖聞司法當局，一再督促增進速度，但審判結果之準確效率，則甚低劣。觀於司法行政部統計，三十八年至四十年，第一審案件，經上訴而能維持原判者，甚至不足半數，而且尚逐年低減，我們忝為法界的步兵走卒，捫心思過，能不慚愧萬分，因是決心要放棄隔岸觀火的態度，依總統訓詞「新、速、實、簡」四要目，切實加強法學的研究，切實督促司法的改進，願從實務的經驗裡，擷取精英，共求切磋，並願從善意批評裡，建議興革，以期進步，爰有《法言》半月刊的發起。商定由我任發行人，吳君任財政，王李兩君任編輯。四十二年一月開會，通過《法言》雜誌社社章。

三月一日，《法言》第一期出版。原定每期暫出八面，因讀者一致的批評，認為太少，我們實在苦衷，財力尚在其次，人力實感不足，但為不辜負讀者好意，從第二期起，便增為十二面，以後除第十三、十四期是合期外，其餘各期，均維持十二面之數，間有加至十四面者。只是人力財力方面，始終是一個不易解決問題，所以第八期為始，便加入同業陳樟生、胡倜群兩君。第十九期為始，又加入同業胡毓傑、高允良兩君，為在本社員，共負編輯委員會責任。又同年九九律師節，全國律師公會舉行紀念會於台北，本社同仁因本刊創刊以來，深受讀者愛護，及社會人士讚許，應乘時力圖充實與改進，當全體北上參加全會，藉謀策進，承江一平先生在大會時發言，為本刊募集基金，一時得二萬五千元之數，足徵同業諸君匡助之殷，至為可感。所惜本刊出版至二十六期時，因內部編輯意見，不能一致，起了分化，屢開會議，始則冀圖團結，繼則磋商改組，皆無結果，遂不得不正式結束，這是我生平最感遺憾的一事，由此也可見創立一個事業，要始終如一，是極其困難的，只得為之太息。

死友生友的交期

我離大陸，今過十年，當年在東京的松濱四友中之三人，楊子鴻已先廿餘年前逝世。戴季公於三十八年二月，剿共軍事挫敗時，逝於廣州。金銳新於三十九年三月，在大陸關入鐵幕時，逝於上海。獨我此時尚偷息人間，回首前塵，每生感愴。而死喪之威，仍重疊而來，如法舫法師，四十年逝於錫蘭，使我頓興師門繼起無人之感。如大醒法師四十一年逝於台北，亦使我觸起師門《海潮音》刊物，將蒙影響。至於毛文彬逝世，更使我回想到武昌創辦法政學校，及四十餘年來一德一心如手如足的交誼，我於四十三年八月十四北上親臨其喪，尤不禁老淚縱橫。我的同事友好，難以屈計，在內地者，消息沉沉，在台灣者，亦多阻絕。自分西行不遠，無所留戀，但確信愛不重，不生娑婆，檢討一切放下，除我妻外，尚有兩友，一為李子寬，一為陳伯稼，因子寬是我佛法上知己，伯稼是我世法上知己，此外更無他人有此交情，對我有此資格，此兩人將來大為我生西之障礙。內子尚可諒解，已有不哭不送之約，子寬深明因果，惟伯稼恐有執著，故我曾與預約，望放此老友，願能同信仰，便可同生極樂，伯稼受薰陶於戴季公有年，早非娑婆世界人物，特環境一時未必許可學佛，若能時時與子寬一談，則入德之門不遠。我向不能文，但二、三年來，卻寫了兩篇文字，一為伯稼所編戴季公編年傳記的跋，是應伯稼之囑的，一為伯稼所編戴季公文存的序，是應季公哲嗣安國之囑的。這一跋一序，自信對於季公伯稼並無溢美，而我卻發現了季公有一個能人所不能的納諫美德，傳記中乃不曾記載，我經質問理由，伯稼謂係格於體例，我認為必應加入，伯稼應無取區區小亮，爰將伯稼有關是事筆記一則，取殿我跋，藉補缺憾，終獲伯稼諒解，此一敘述，是表明我年來對死友生友的交期，所有兩篇文字，附錄於此。

《戴季陶先生編年傳記》跋

老友陳伯稼先生，上月由台北休假南遊，小住蝸廬，快談三日。臨別謂余曰：「季陶先生傳記，年內可望出版，大作之外，無第二人，懸格如此，頗不同於尋常，能早舉椽筆乎？」余深為慚恧，因伯稼創立編年體例，為季公寫傳記，上年曾將已完成部份見示，預以弁言相屬。余本不能文，衰病之餘，益艱握管，敬謝不敏。伯稼曰：「季公四十年舊交，君為僅存碩果，不可推卸。」重違老友之命，勉強應允。既懶且忙，一擱竟將閱歲。現出版在即，無可再推。序文有伯稼珠玉在前，豈敢佛頭著糞，聊作跋尾之文，藉報雅命。

余與季公訂交，在民國前五年，時同在日本大學肄業，季公為儕輩中最年少之一人，其縱橫之才氣，超人之智慧，亦一時無二。自民前三年先余回國，民元以後，置身新聞事業，名滿天下，不數年間，更飛黃騰達，負黨國柱石重望，為眾流宗仰，此豈無因而致哉。季公有熱烈性情，有豐富學識，有一枝辟易無前健筆，有一貫堅定不搖主張。未屆強仕，凡可歌可泣之事，已燦然畢陳。柄政二十年，更擴展其悲天憫人懷抱，致力於國利民福之鴻猷。惜乎才與位皆足有為，時與命迄無可致，賫恨以終，此非季公之不幸，國家民族世界人類之不幸也。

伯稼識季公，後於余十年，而在季公幕下，久於余幾三倍其歲月，所知之事，自較余為多。此作寫季公自嶽降至騎箕，六十年間事述，大而國家至計，小至個人行為，季公之偉志瑰行，盛業豐功，固已曲曲傳出，可謂詳矣。更旁及其他方面，如二十年來之考試院，一切建制設施，分門列舉，釐然各當。不獨足以覘建國時期之典章，亦可備一般留心政制者之研討。至每年所附當年時事概要，使人讀本傳記時，皆能有時代認識，不致模糊隔膜，尤為向來寫傳記者所無。非心精力果，而又貫通條理者不辦。伯稼具此錘鑪，其精神所在，固為季公，而亦何嘗僅為季公，余不禁為之欣慕，嘆為得未曾有。抑尤有進者，季公之於伯稼，誠已泯其形跡，而有水乳交融之歡。伯稼擇木而棲，亦可謂能得其所，其抱道自重，靖共厥職，密勿贊襄，從容獻替者，雖非盡人所能知。

然就余所明悉，如侯紹文君與張某事，季公前後措施，一反所為。伯稼之犯顏極諫，自是難能，季公之從善如流，不吝屈己，其偉大處，更為常人所萬萬不及。今觀傳記，卻無此記載，殆因格於體例使然。但諫爭美名，納諫美德，古來治道之要，無過於此。伯稼不可取一己區區小亮，而使季公此一無可倫比之美德，闇然不彰。茲取伯稼有關是事之筆記一則，以殿吾跋，藉彌此闕。昔曾子固書魏鄭公傳後，極論鄭公以諫諍事付史官之賢，且以焚稿為伊周所不取，景彼前賢，實獲我心。質之伯稼，共不以余為妄乎。中華民國四十六年十一月。

附伯稼民國三十年十二月記事一則：

考試院自籌備以來，祕書處之總務科長一職，皆以簡任祕書許公武（崇灝）兼任，其後公武升任祕書長，仍兼職如故。本科科員有張某者，主管庶務股事項（原任國民革命軍總司令部副官，在五院政府未成立前，戴公每至南京，常居總部，張某奉派照料一切，服務甚勤，故受任院長後，畀以此職）政府西遷，曾留守京院，南京陷落後來渝，仍供原職。重慶屢遭轟炸，張某派任救護工作，亦尚出力，戴公甚信任之。惟其人不知修養，不善和眾，甚至不聽祕書長指揮。上年三月間，以某事出言不遜，祕書長摑之，膽竟還毆。因是公武屢辭兼職，避免直接指揮，結果於本年十月間得請，而有侯紹文為總務科長之事。

紹文初受任，亦嘗曲意交歡張某，期其合作，無如彼方傲慢不顧，紹文勢不能忍耐。適查出張某有冒領工役二名米糧之嫌，實功令懸為厲禁者，乃揭發於祕書長，請示如何辦理。祕書長據以轉陳，託不佞面呈，戴公展覽之餘，不懌情緒，頓形於色，但未置一言。次日夜，召不佞，出手諭曰：「侯紹文著即免職，派朱某代理總務科長，命即時發表。」不佞請曰：「院長此手諭，莫非查出侯紹文有重大過誤耶。」公曰：「此是行政處分，汝問我要證據耶。」不佞曰：「雖是行政處分，究須有個理由，因本院是管理人事最高機關，進退人員，必須予天下以共見。」公曰：「無理由可說。」不佞曰：「如此，某不敢奉命，請收回成命。」因將手諭還公，公怒甚，劃火柴焚手諭摔之。不佞曰：「請院長息怒，此事實在需要三思。」公曰：「思之熟矣，豈只三思。」不佞曰：「那還不夠。」公曰：「汝要向我摜紗帽耶。」不佞曰：「摜紗帽非好事，本無此心，但若至不得已時，也只好出此。」公曰：「汝與公武等，竟是成群結黨。」不佞抗顏曰：「此何言，某讀書數十年，自命絕對是君子，若成群結黨行為，乃小人之尤，某實不甘接受。且某與公武，如果是小人，院長置之左右，任為祕書長或機要祕書，至十餘年之久，豈非有失知人之明，院長自居何等乎？」公曰：「一個人做事，總要講良心。張某在院十餘年，並無大過，且屬有功，今以涉嫌冒領米糧二斗細故，竟不少留餘地至此，汝們問心安乎？」不佞曰：「院長所言者情也，侯紹文所呈者法也，且所呈亦只是請示辦理，如何斟酌情法之平，儘有除地，惟在院長裁量而已。某今晚敢於冒犯尊嚴，只是求不負平日讀書做人志氣，亦即所以報院長報國家，自問於心並無不安。」公是時顏稍霽，曰：「今夜晚矣，可睡覺矣，只是我睡覺，是睡得著的，不知你們如何。」不佞曰：「今日若無此頂撞，將成為終身憾事，今晚睡覺，必定安穩的。」公曰：「不說了，不說了，去睡罷，去睡罷。」不佞遂退出。

次日黎明，公又召不佞入臥室，盛陳早點，共進食，隨出硃筆手諭，長數百言，令觀之，則皆譴責張某之詞，結語免其職務著刻日離職。問曰：「汝以為如何？」不佞曰：「院長偉大之至。惟中有一語『膽敢與秘書長鬥毆』之『鬥毆』二字，可否予以改易。」公立援筆曰：「吾為汝改三字，『膽敢向秘書長不敬』，尚有說乎？」不佞曰：「院長賢明，不能贊一詞矣。」乃命立刻宣布，印發院會部全體同仁。公一面貲遣張某，俾可另謀生計。此一事也，罷斥一職員，本甚尋常，難在當盛怒之下，竟能容許屬員直言極諫，終以理智克服情感。以視一般居高位握權力者之所為，相去直不可以道里計，真足以風有位，傳不朽矣。

《戴季陶先生文存》序

老友福州陳伯稼天錫先生編訂《戴季陶先生文存》，而本黨中央黨部以之付印，殺青有日，季公哲嗣安國世兄，以余與季公在籍貫為同鄉，在學業為同硯，在本黨為同志，在政府為同僚，在佛教為同參，交誼重重，書來問序。余本譾陋，加以衰病侵尋，更苦於執筆，顧此時此地，儕輩中合於五同之列者，已無其人，既承雅囑，曷敢以不文辭。

余讀季公文章，始於民元前五年，在日本大學同學時期。其時季公喜寫小品文字，或小說，尤其是日文之詩歌，不談政治學術，所有作品，惟小說常用「散紅生」筆名，發表於日本新聞雜誌，餘作隨寫隨佚，絕不留稿。生平擅於語言，吾人在學校休息室，在寄宿合，天南地北，無所不談。聆其懸河之口，燦花之舌，嬉笑怒罵，無非文章。假使當時一一筆錄，實可成為一種別集，及今不失為極饒興趣佳作。可惜彼時風尚，所標榜者，文以載道，向所傾吐，都視同司馬公所謂「縉紳先生難言之」也。

季公天分絕高，眼光極銳，每自謙抑，謂十五歲出國留學，國學根柢太淺，回國後又未嘗用功補讀，些須學問，未經猛火煎過，都由小小聰明得來。此言固是謙辭，亦未嘗不是實話。但余在國內再見時，季公經史素養，實已可驚，發為文章，舉凡論政、論學、品人、說事，皆有獨到之見，歸於中和之理。若非從猛火煎得來，亦定是下慢火溫工夫。不然，豈能臻此境界。至其為文筆致，在盛年之時，如火如荼，光稜四射，激盪人心，鞭辟入裡，可謂盡其能事。迨居政要，及於晚年，漸由絢爛歸於平淡，更參以佛學微妙，不落言詮。於是或有病其晦澀艱深者，不知此即季公深得高明柔克三昧，正有合老氏之旨，自非盡人所能領悟矣。

季公之於佛教，自三十三歲投長江不死，即虔誠信仰，不久而有〈八覺〉一文，披露於《新生命》月刊。此作洞明佛理，非宿根深厚者不能作，惜無稿本，《新生命》月刊亦不可獲致，此編遂無從錄入。四十三歲後，有關佛學著述甚多，而與國內外大德高僧、學人居士、接觸亦甚頻、不少函札投遺、或言詞達意，大都不離弘揚佛法主旨。間有聞見所及，佛門弟子，自起諍論，或違離經戒，懔於獅蟲自蝕之懼，必盡其所能，勸告修省，其於邪魔外道，謏法謗佛，驅僧踞產，又不憚大聲疾呼，力障橫流，皆可於字裡行間見之，故有視為乘願再來，護持正法者，非無因也。

古人著述，最重能得代為選定編集整理之人，所以有嘆「後世誰相知訂我文者」。季公雖具無上智慧，不朽功業，必傳文章，若編訂不得其人，不但美中不足，且恐名山盛業，可能為之減色。好在季公有知人之明，遠在中山大學校長時代，即識究心史學之伯稼，促成編纂東西沙兩島成案名著。其纂輯之精，體例之善，一時視為軌範。考試院開始籌備，即羅致幕府，二十年間，贊襄左右，終於使此一部百數十萬言鉅著，賴以編成。伯稼之著手此一工作，其大體係按文字內容，分別門類，加以編次，原本季公生前遺意，余雖不克細讀全書，而全書目錄及若干部份，固嘗涉獵及之。審性質以定部居，由部居而明內蘊，開卷披覽，朗若列眉，堪稱簡當。此不過其一端，他難悉舉。余固佩服伯稼之心精力果，尤其贊嘆季公之儲才於先，收功於後。吾人每慨古來名家著述，因無人收集而散失，無人整理而凌亂，無人訂正而真偽混淆，無人校讎而魯魚亥豕，此何故哉，有戴季陶而無陳伯稼也。《季陶先生文存》之出版問世，絕非偶然，斯為讀者所不可不知，爰為之序，亦以報安國之屬。

中華民國四十七年十二月二十七日

弘法利生工作與修持

此十年來我以身居台南，終日奔走衣食，對於佛教事業，都無法分身從事。例如佛教會開會，屢接通知，而不克赴會。四十一年八月勉強北上，參加佛教代表大會，當選理事後，直至四十三年三月，因二兒患病，在台北空軍醫院割治，為探病故，始趁便於十四日，往十普寺參加理事會，是為當選後第一次出席，他可知矣。然除開會外，凡為我力所能作之事，亦不敢不隨分致力。如三十八年太虛大師叢書，決在香港出第四編（《大乘通論》）推陳靜濤李子寬兩居士為正副主任，我亦被推在內。如四十一年十月，在台中得悉李炳南、朱斐兩居士，將退出《覺生》，另組《菩提樹》刊物，我大加贊成，願任發起人，厥後遂為《善提樹》月刊社社董，目下已將出版至七十期矣。如四十三年間，印送大士聖像數千份，四十七年間，募印《地藏菩薩感應錄》三千冊，因經手人任事過勇，隨意散送，以致需者不能得，得者不定信，索者多而書早盡，經又再度發起募印，並擬加印《地藏本願經》，有餘更擬加印聖像。凡此均非嗟咄可辦，亦非我經濟能力所及，不過聊表心願，期得契機，總算法緣不錯，諸獲成就，而再度發起募印之事，亦居然有人能捐鉅款，滿我心願。以上所言，大都是屬於帶有些微特別性質者，至於日常的念佛功課，以及隨分聽經說法，放生茹素，雖非晚近始然，卻是近年略見加勤加強，但不能說是有所得也。

晚年家庭概況

我子女七人，先妻生大兒耀椿，以次二兒耀棪、三兒耀楞、四兒耀樺、大女耀桂、三女耀枝、四女耀棕，及生而不育之一男三女，皆繼室出。當三十七年十二月棪兒奉調赴台之時，我夫婦決攜諸女一同前往，椿兒姑留大陸，楞、樺兩兒暫先同行，察看形勢，再決回申與否。計議既定，三十八年一月一日，先遣楞、樺兩兒攜帶部份行李，乘慈雲輪船，由上海至台灣之高雄登岸。我與內子及桂、枝、棕三女，於一月三日登中興輪船赴台，五日到達基隆登岸，先至台北，定計居住台南布。十七日南下，旋購就公園路十五號房屋，為久居之計。楞、樺兩兒於二月廿三日，仍乘慈雲輪船回申，完成學業。不意剿匪戰事，迭見挫敗，京滬地區相繼淪陷，急遽之間，諸兒均被關入鐵幕。其初尚可輾轉通函，逐漸至於完全斷絕，在音問偶通之時，即知兒輩生活，僅恃典賣度日，每須籌款接濟。椿兒共舉三兒，室家之累尤苦。棪兒在台，供職空軍，洊升空軍上尉，迭受勳獎，先後駐嘉義、岡山、屏東、虎尾等地，旋復回駐岡山，轉任教官。四十三年二月，發現腸癌，施行割治，封閉穀道，從腹部置管通便，後因癌毒蔓延，未能根絕，再度施割，或照鈷光，終於不治，延至四十七年十月廿一日逝世。喪明之戚，我復何言。最難堪者，東北拚死剿共，屢立功績，壯志未酬，困於痼疾，既不能與並時飛將，同建保衛金馬之功，即欲與以機撞機同歸於盡之壯烈英雄，同殉厥職，亦無其會，向隅飲恨，畢命黃泉，真死者不能瞑目，可痛也。棪見既逝，所遺寡妻三女（幼者係病後產生），如何安排教養，都將落到我之一肩，茫茫後顧，能無煩憂，此為我諸兒離散或短折之情況。

以言諸女，其長成者，大女耀桂已於四十五年八月，與嘉義地方法院庭長楊與齡結婚，現已生女。三女耀枝亦於四十七年三八婦女節，與空軍上尉周鑑寧結婚，在我總算了去一段世緣。四女耀棕尚在幼讀，婚事只好且待將來再說。至於我之生計，重入仕途，既非其時，身非匏瓜，焉能繫而不食。執行律業，係屬本等，原冀博升斗之資，維持晚景，無如耿介之性，頗難諧俗，眼看餘子，各有善道，我獨依然不振，於是收入有限，支出不敷，終年惟以借貸變賣為生。借貸非能無償，變賣亦復有盡，因之公園路房產，乃不得不出於斥賣，而易以永康之鄉居，未幾，又不得不貨鄉居，而以之還債，此後遂無力置產自居，而惟以租賃為事矣。如斯窘狀，捫心自問，我為佛教徒，常有未來界希望，每效染任公之言曰：「苦我者一時，樂我者永刦，苦我者幻體，樂我者法身」，自分古井之水，終不起波瀾矣。

我妻偕老，少逾廿歲，服務法界，今亦有年，我既獨力難支，伊則攘臂為助，戮力同心，撐此難局，遵守法令，夫妻迴避法庭，是以伊在高雄，我便撤銷高雄登錄、伊轉嘉義、我又撤銷嘉義登錄、最後伊轉台南、我又撤銷台南登錄。更可哂者，近年我連租賃房屋，都無餘力，還須託庇我妻官舍，不更奇乎。歷年我為律務出庭，常僕僕於台北、台南、新竹、台中、嘉義、高雄、屏東道途，晝夜不分，風雨無阻，意義何在，一言以蔽，雞鶩爭食而已。為爭食故，偶多發言，稍事行動，頭昏腦脹，血壓陡高，隨時咯血，間或嘔吐，經常恃注射針液，服食藥餌，聊資遏阻，根本無調攝可能，而病以益深，近來且至兩足欲僵，形成上重下輕之勢，益艱步履。自分西行不遠，實無留戀可言，家人似尚不欲遽舍此石火電光之軀，必欲求醫求藥，我亦只好虛與委蛇，視為交際之故事云爾。

第七章　結語

我嘗讀賈閬仙〈劍客詩〉云：

十年磨一劍。霜刃未曾試。今日把似君。誰有不平事。

覺其俠氣干霄，光芒作作，輒欣慕之。自二十歲赴日留學，展轉研習法律，二十七歲畢業回國，次年以後，或為司法官，或為律師，雖不常厥職，綜計不下三十年，而以晚歲連續執行律業達十六七年為最久，我旦夕所磨礪以須者，亦有一「正義之劍」，問誰有不平之事，此劍非他，法律是也。嘗持此為人間平不平，雖未盡稱心，亦聊復快意。民國十年後，覺解脫世間痛苦，法律有時而窮，乃又轉而求助於佛法，欲為此娑婆世界，另闢境界，自度度人，同登極樂，誓願雖弘，根基有限，但求我佛慈悲耳。

世間法也，出世間法也，過去所為，要不外於此。遷台以來，老病日甚，益無能為，但「晚年唯好道」五字，足以盡之，如欲加以說明，香山詩則為最好註腳。茲照錄於後，藉作本錄結語，並為我友好及有緣者勸。

余年七十一，不復事吟哦。看經費眼力，作福畏奔波。
何以度心眼，一句阿彌陀。行也阿彌陀，坐也阿彌陀。
縱饒忙似箭，不廢阿彌陀。日暮正途遠，吾生已蹉跎。
旦夕清淨心，但念阿彌陀。達人應笑我，多卻阿彌陀。
達又作麼生，不達又如何。普勸法界眾，同念阿彌陀。

附錄一 竹岑隨記（節錄）

榮昌謝健

一

《周子通書》曰：「誠者，聖人之本」。又曰：「聖者，誠而已矣」。誠，五常之本，百行之源也。其尊誠可謂至矣。近日風氣，以欺詐為最合時宜，至親骨肉，如兵家之出奇制勝然，於誠去之遠矣。余在京曾發起誠社，加入者凡二十餘人，夷考其實，能誠者幾，耗焉哀哉。

《周子通書》曰：「人之生不幸不聞過，大不幸無恥。」今之貴人，務養成緘默之風，讒諂面諛之人，日列左右，何從聞過。至於恥則尤無人講求，所恥者惡衣惡食耳。仲尼之所恥，左丘明之所恥，今人所弗知，知亦弗為也。有知恥者，難乎免于今之世矣。

周子謂「非中正明達果斷者，不能治獄，訟卦曰，『利見大人，以剛得中也。』噬嗑曰，『利用獄，以動而明也。』主刑者，民之司名，任用可不慎乎」，春秋曹劌論戰，亦謂，「小大之獄必以情，為忠之屬，可以一戰」而孰知今主其事者，固為身犯刑章之徒，抑且正利用戰爭時機而爭權排異也。烏乎。

二

溫公不敢帝蜀，人多議其非，實則宋承周統，與晉承魏統同，偽魏不得不偽晉，則周、宋皆偽矣，溫公宋臣，豈敢出此，不得已乃指昭烈之上承中山靖王為族屬疏遠，不能紀其世數名位，與宋高之尊楚元王，南唐之宗吳王恪同，究嫌牽強。其真因則見於「漢傳於魏而晉受之，晉傳於宋以至於陳而隋取之，唐傳於梁以至於周而大宋承之」，數語。《野叟曝言》辨陳壽不帝蜀至廿四條，亦述及溫公之不能不帝魏黜蜀，其說極是，近人表章小說，於《野叟曝言》之史識，不及一字，可謂無識也已。

三

韓愈闢佛，重在明先王之道以道之，鰥寡孤獨廢疾者有養，歐陽修本論，亦謂宜修其本以勝之，斯二子於佛教無所知，其言於佛教無影響（僅中人講道學者或信之，上焉者方援儒入佛，下焉者更不知此二文），然其言卻可為今之借鏡，今有日憂某黨某派學說之披猖，青年之出入，而不自修明其中心學說實行其先聖遺規，徒思權力排除異說，其亦未聞韓、歐之訓也已。（廿七、五、廿四）

四

君子三戒，見於聖言，人生似確有此種轉變也。周作人《看雲集》〈中年〉篇言之頗詳，如云「我們少年時浪漫地崇拜好許多英雄，到了中年再一回顧，那些舊日的英雄，無論是道學家或超人志士，此時也都是老年中年了，差不多儘數地不是顯出泥臉，便即露出羊腳，給我們一個不客氣的幻滅。」此豈真為生理上之變化結果乎。竊謂志氣之銷沉，由於憂患之飽經，周君即其一例，若夫前為英雄，而後則幻滅，或且醜態畢露，是則非自然之轉變，乃假面之脫落，蓋當其受眾人之崇拜時，本為一腔醜惡，以有面具掩飾，故但見其美，爾後事業成功，生活解決，無所顧忌，無所希望，則面具脫下而真相畢現矣，今之要人，此例不鮮，周作人果參加北平偽組織，亦難逭其自設之筆誅已。（五、廿五）

五

《靈峰宗論》十卷，藕益大師智旭造，其門人成時結集，皆師之詩文雜著也。其釋經之著作四十七種別行，依〈宗論序〉，版存嘉興楞嚴寺，余所藏者皆金陵版，嘉興版想無存矣。偶於渝舊書攤得《宗論》，尚清晰，而闕十餘頁，因發願自修補之。藕益為四大師之一，其著作夙所愛讀，舊有一部在滬寓未攜來，茲復遇於冷攤，亦夙緣也。藕師生明萬曆廿七年己亥，寂於清順治乙未，世壽五十有七，俗姓鍾氏，蘇木瀆人也。中山「知難行易」之說，矜為創獲，藕益乃先有「非行之艱，知之尤艱」之語，遠在數百年前矣。間嘗就佛門究之，亦覺斯言之當，如淨土宗之念佛者如牛毛，生西者如麟角，人咸尤其知淨土之妙而不肯苦行，是謂行難知易，實則於此土之穢，淨土之樂，生死之事大，念佛之足恃，並無確實知見，惟人云亦云，遂悠悠忽忽念佛而不精進，苟其知之，則先德有言「淨土之生萬牛難挽」矣，是仍知難行易也。推之參禪看教，持明修定，莫不皆然，私有此意久，覺尚未經人道（謂佛門中也），不圖早為藕師喝破，甚矣，創之難也。此意可衍為一專論，暇當力為之。

藕師自號八不道人，自傳云：「古者有儒、有禪、有律、有教，道人既蹴然不敢，今亦有儒、有禪、有律、有教，道人又艴然不屑，故號八不也。」窺其意殆自信能於儒、律、禪、教，超今同古，且合而一之，故以自命。今讀其書，確能名副其實。至弟子記謂取中論、梵網八不之意，殆不其然。

六

梁任公著〈起信論考證〉，附〈駁釋摩訶衍論之偽〉、《起信論》已有吾師太虛大師之解惑，釋論則尚未及辯。茲閱《海潮音》文庫，有鄧高鏡居士講演，於釋論之非偽，辨之甚詳，可補起信解惑之闕。鄧居士之名，不甚著，此講為蔣竹莊筆記，意其於佛學界必相當負聲譽者，海上無此人，或北平天津之佛學家歟。茲摘要記之。

先列舉各方爭論

1文義異於他經論。（難）文義不似中土人理論，故知來自西土。（鄧按）兩無確證。

2隋唐經目無之，譯人名他書亦不見。（難）昔師譯經不見目錄及譯師之名湮沒者，往往有之。（按）不足為定論，以僅憑目錄記載有無也。

3譯本論時代據僧愷序為梁承聖三年真諦譯，釋論序則為姚秦弘始三年筏提摩多譯。早在本論前約百年，無此理。（難甲）釋論實弘始年譯，梁真諦從譯論中提本論別行。（按）姚秦所譯經論，多為散文，今本譯兩論體製文法迥異秦時所譯他經，且僧愷序足證本論為梁譯。（難乙）釋論實譯於本論之後，其序偽也。（按）若先後出兩人，則本文與注釋字句寧能若現本之絲絲入扣，盡相吻合。

4釋論文似賢首家，疑為中土一師採諸師之說所成。（難）但間有偶合，或因釋論所引經文，偶與諸師所引互見耳。（按）賢首諸師之疏注，僅宏揚自宗，於本論主義分中建立三十三摩訶衍法門全未見及。

5可存而不論。（難）此論佳。但能依義修行，不必推求文字。（按）此說可自利，未能使人共了。

6隋唐以來古德，多引用釋論，可見此書非偽。（按）僅據後人所引，未能盡祛前疑。

次申五義

1定論名　梁譯本論存摩訶衍梵名凡七，其稱大乘者僅三。特標梵名者，概示一論宏旨，所稱大乘，但翻二乘立言。故釋論中凡牒本文，皆稱摩訶衍論，可見實本論原名也。今本論稱大乘者，當係別行後為順俗故取釋論中最後一名以立其稱。至愷序之首「夫起信」三字，應係後人篡易（宗密永明諸佛但稱摩訶衍論，日本請來錄亦然，「釋」字當係後人所加）。

2詳譯主　釋論譯主曰筏提摩多。本論僧愷序曰拘蘭難陀。續高僧傳第一卷云拘那羅陀陳言親依，或云波羅末陀。愷序華譯則曰真諦。拘那羅陀之與拘蘭難陀。波羅末陀之與筏提摩多。聲近通用。故或譯真諦，或譯親依，真親，諦依，均諧同字別，足證譯主實為一人。

3推譯時　大唐內典錄第四云：「大乘起信論大同四年在陸元哲宅山」，按真諦來朝在大同十二年，何得於四年出此論。若云大同為太清之訛，則是年真諦於陸宅僅譯十七地論五卷值亂停譯，何暇他及。按本論序云、「大梁承聖三年歲次癸酉九月十日（癸酉實承聖二年作三年誤）釋論序云：「姚秦弘始三年歲次星紀九月上日（上日雖見虞書注為朔日，但高僧傳例不記朔，但書幾日，是上字當為十日之訛）」，兩序年月日均同，惟國號殊耳。僧愷從學真諦、為譯場執筆人，所記當然可據，可證兩論之譯，實為同時，但因時事忌諱，易國號另製序文，方便流通耳。

4辨本釋分合　別行本論，不出數因、甲、真諦於譯場既先出本論以明釋論大旨，時人畏釋論法門難入，不如本論簡易，便於修持，故習「本」而棄「釋」。乙、本論經譯師潤色，詞美易誦，不似釋論之曲達旁通，理迂詞拙，不易研尋。丙、釋論法門，自成詮諦，後代諸師不便通用，本論含義宏通，左右逢源，故唐被本論註家皆隨分疏釋，以暢自宗，雖知有釋論，亦不復采及。

5 校序文真偽　釋序剿襲本序，偽跡顯然，因陳朝嘗禁真諦所譯經論，不使流傳江左，傳寫者不敢直署陳朝年號，故假託姚秦耳。又按本序云：「敬請法師——翻譯斯論一卷，以明論旨，玄文二十卷——」所謂玄文，即指釋論，不另出論名，因同時所譯同名摩訶衍論故也。（二九、二、二八）

七

《海潮音》某期載念佛一音十字訣極精要，上年錄出備座右箴銘之用，恐久而失之，錄於此。

念佛一音十字訣

陝西安康曾志遠毅甫口述

（近）眾生皆有佛性。現前一念，即是成佛正因。甚勿從事多聞，高談玄妙，忽近而圖遠也。故首之以近。

（禁）正念萌芽時，一切邪魔雜念，或來相擾，禁止邪心，自是初步最要工夫。故次之以禁。

（敬）邪心既止，尤須提起精神，敬仰於佛。依依然如赤子之戀慈父。懍懍然如學童之對嚴師。然後此念方能懇切，故次之以敬。

（靜）敬仰既切，一切客塵自然不起，心源湛寂如深潭止水，一些不動，靜何如也。故次之以靜。

（淨）一切塵妄，止息不動，此時心中一絲不掛。以彌陀自性，念自性彌陀，始可謂之淨業。故次之以淨。

（進）心中果能一絲不掛，尤須念淨相繼，融成一片，此正修唑奈耶時也。故次之以進。

（境）淨念相繼，定力現前，此時或有境界來現。稍一貪著，便生障礙，行人不可不知也。故次之以境。

（勁）欲免障礙，惟有抱定正念，堅固勇猛，一句阿彌陀佛外，皆非所知。

中權後勁，實支於斯。故次之以勁。

（盡）誠能如前所說，修持不已，一切客塵煩腦，見思惑業，何愁不掃除淨盡也。故次之以盡。

（晉）惑業雖盡，而習氣種子尤須斷除，此為山九仞時也。大須努力。故次之以晉。

（竟）惑業盡，無明滅。上品上生，花開見佛。親證不生不滅本性，此方是念佛究竟也。故以竟了終焉。

合塵背覺，是流浪生死所由來。合覺背塵，乃返本還原之正路。娑婆大眾善根漸漸成熟。爾來發心淨業發心問道者，頗不乏人。第恐見道不真，未免工夫曠廢，謹就管窺所及、效野人獻曝之忱。草擬十字，用備芻蕘。以資專心念佛者之采擇。辛酉端節前二日平一自識孫道修參訪。

敬淨進勁四字，尤為切要。非深修淨業者不能道。

辛酉五月十一日後夜太虛參閱　（廿九、七、廿三）

八

偶借得《宇宙風》五十三期殘本，見陳公博之〈我的生平一角〉後段，有如下之語「譬如在國難當前，連電影都禁止觀看這一類事，我總覺得這是桎梏性靈的幻覺動作。——人是要適性的，性不能適，必思保全生命而希望有日來適，由是張邦昌、劉豫續續在歷史出現」。無怪其今日為張邦昌劉豫之走狗，原來彼之人生觀即在於適性，國難時未適其實業部長之性，於是即走胡走越耳。（七、廿四）

九

武岡唐大圓居士，國學湛深，修淨業，研法相，能以淺語解唯識，頗有聲於佛學界。有修〈念佛三昧詩〉登《海潮音》，頗恢詭而切實，當時余頗愛誦之。今又將廿星霜矣。上年翻《海潮音全集》，得再讀之，轉錄於此。

修念佛三昧詩

昨夜閻王，親入我室，語我性命，僅有七日，符牒發來，鬼使差出，
只待日時，提入地獄，我聞斯言，驚駭幾絕，反覆思維，五內欲裂，
我衣誰服，我飯誰食，我屋誰住，田園誰殖，金寶充盈，只令空設，
圖書滿架，教誰看閱，堂前兒女，牽衣哭泣，後房美妻，相對嗚咽，
平生骨肉，一旦告別，此境此情，胡忍言說，無奈閻君，苦苦相逼，
既匙情面，難通關節，因此萬難，忽生一策，唯念彌陀，無上妙訣，
誓從今日，專念彌陀，決不餘念，一心念他，眼觀相好，耳聞吟哦，
鼻舌身意，各緣殊科，六根都攝，淨念如梭，種現薰習，剎那剎那，
銖累寸積，自一至多，涓涓不息，遂成江河，功深念積，性海澄波，
倏然顯現，淨域嵯峨，七重欄楯，行樹交柯，蓮池七寶，遍開新荷，
金沙布地，天人相過，水名八德，風扇微和，孔雀鸚武，飛鳴詠歌，
上善同會，圍繞佛陀，紺目海淨，白毫皤皤，觀音勢至，吹大法螺，
圓音一演，授記頂摩，是真樂國，迥異娑婆，高瞻遠矚，大笑呵呵，

生既非有，說死更訛，不用成佛，何須降魔，回首致謝，閻王老哥，今且問你，其奈我何。

王尚菩佛學頤說有云、「六度中禪智二度，實相難知，每被空腹高心耳學口食之徒所假借。施戒進忍四度，則易見假相」乃說偈曰、「如我給人饑，自念功德在。或喫數日齋，舌根偏作怪。或今日念佛，明日更難耐。若人笑罵我，依舊不相愛」云云，頗說得出學佛人病態。錄存以自警。（七、廿四）

十

自歐風東漸而舊道德衰，有提倡非孝者，有謂萬惡孝為首者，有謂仁、義、禮、智、信為五賊者，有謂禮、義、廉、恥為四賊者，打倒孔家店之學說，披靡一世，不知者以為西人殆無所謂倫理矣，其實凡有血氣，莫不尊親。讀林琴南所譯諸說部，西人之孝、友、信、義，歷歷可傳，僉父殆取彼中一二蕩檢踰閑之徒為口實，以便其私耳。近十年來，中山恢復固有道德之學說，大倡於世，而忠孝、仁愛、信義、和平之牓額遍於官署，新生活運動既興，禮、義、廉、恥之訓亦家喻戶曉矣，顧多以為塗飾之具，夷考其實，則言行殊未一致，甚或相背而馳，以今例昔，昔者真小人，今則偽君子耳。古人云，為政不在多言，顧其行如何，風行草偃之效，非可以倖致也。聞奉化在粵時，得太夫人病耗，知請於孫公則必不容請假，乃留書而逕行，及孫公聞而使追之，已無及矣，斯可謂躬行大孝，較徘徊觀望，藉攀轅縶駒之使命，而不果其行者為何如。然而尚有以孝為標識者，吾不知其何心也。欺天下後世乎。自欺而已矣。

十一

《海潮音》某期載慈舟法師答樊幹卿問生無生料簡云：「生則決定生，去則實不去。」如觀音菩薩方便生。「去則決定去，生則實不生。」如普賢菩薩方便接引。「去則實不去，生亦實不生。」如不信念佛人。「去則決定去，生亦決定生。」如著相求往生者。頗足說明妙義，故記之。

十二

偶讀畢倚虹所著《人間地獄》，其所記人物，多可意想而得，如曼殊、楚傖之儔是也。中記某記者壁土所揭儀徵陳大鐙詩甚佳，陳不知隱何人，詩云：

不愁白髮只憂貧，貧不能醫白髮新。
偶得寬閒對明鏡，漸知衰悴是今春。
每因齒長先儕輩，將倚金多媚婦人。
我欲此時便歸去，猶餘談笑識陳遵。

老病且貧，余近日境況頗復似之。（卄九、十一、廿八北碚）

十三

梁鴻志詩學宋人，頗傳人口，晚年失節事胡，為民族罪人，仍不廢吟咏，今春四月廿七重慶大公報載其一詩云：

抛卻文書又酒杯，駸駸佳日去難迴。
身疑春繭重重縛，心似勞薪寸寸灰。
階下弓刀類兒戲，眼前幢節幾人才。
鞭笞六國尋常事，只惜秦人不自哀。

其侘傺可想，梅村臨終之詞，其心境視此不知如何也。

十四

張恨水主持《新民報》附刊之最後關頭，時有詩篇刊載，恨水詩人，其採取者多在水平線上，與某君之以編詩雜誌為終南捷徑者未可比也。昨見載周棄子〈庚辰除夕雜詩〉，寫抑鬱之懷如繪，氣韻亦甚沉著，甚愛之，周不知何許人，見恨水時當問之耳。詩如左：

短燭輕烟散，明爐細炭添。歲時瀕獨夜，哀樂逼中年。
落落堪誰合，悒悒敢自憐。平生湖海氣，此際若為蠲。

佳辰足幽獨，惘惘過三更。堅坐心逾亂，微哦句乍成。
樗蒱容袖手，梨棗轉關情。卻憶童髫樂，看鐙直到明。

相識許君武，清狂吾所諳。麤官貧漸老，嬌女稱猶憨。

忽漫呼鐙過，還成促膝談。磴危霜更滑，躑躅恐難堪。

寇盜三年劇，春秋九世讐。迸為今夕歎，莫卜此生休。

藥餌欺羸質，風花愴昔遊。還如社陵叟，心折滯秦州。

劍萍吾小弟，奉母伏岩阿。負米身難飽，求田計儻訛。

報書常不達，無路欲如何。此恨兼家國，思量鬢總皤。

杜宇將枯淚，春蠶未盡絲。向來悽斷意，多在悄吟時。

事去元無悔，憂深有不支。一年習箝口，今欲寫何辭。

十五

顏習齋元為清初大儒，其學以崇實為主，著存學、存性、存治、存人四編以立教，以實習六藝為入手方法，對程、朱、陸、王之講心性者皆不滿，雖闢佛諸說，不免道學習氣，而崇實闢虛，期歸實用，則救時之良言也。近借得戴望著顏氏學記讀之，摘錄其嘉言如左。（卅、二、廿一在仁場）

心思口語及紙上論議皆不得力，臨事時依舊是所習者出。

吾常談天道性命若無甚扞格，一著手算九九數輒差。王子講冠禮若甚易，一習初祝便差，以此知心中惺覺，口中講說，紙上敷衍，不由身習皆無用也。

按據此似「知易行難」之說，亦未可厚非，佛家所謂「說食不飽」者是也。

寡欲積精。寡言積氣。寡營積神。

謂張文升曰：「如天不廢予，將以七字富天下：墾荒、均田、興水利；以六字強天下：人皆兵，官皆將；以九字安天下：舉人材，正大經，具禮樂。」

定其心而後言，自無失言，定其心而後怒，自無失怒。

閱宋人勸其君用曉事人，勿用辨事人，歎曰：「官乃不許辨事邪。」曉事者皆不辨事邪。愚謬至此，不亡得乎。

按今之專家則曉事人也，今之政務官多於通衢之犬，渡江之鯽，亦曉事人也，豈不危哉。以上習齋。

書日課於壁曰：一山立。一莊坐。一慎笑。一謹言。一勿作輕佻語姍人。一言事勿急躁。一勿閒言廢時。一與人言須待人語訖。一論古人以和平。一戒深言。一戒輕作勉人語。一戒浮態。一勿以盛氣加人。

南溟問過，曰：「宜遠佞人，凡柔茬可親者，害我者也。剛方難合者，益我者也。得恩而委曲奉承者，善負人者也。得恩而淡交如故者，厚報人者也。」南溟曰：「然。」曰：「君自思人諛我心亦非之，而未必怒也。人責我心亦是之，而未必樂也。此則不能遠佞矣。」

按以上兩則，切中我箇人之弊，宜勉之。

紙上之閱歷多，則世事之閱歷少，筆墨之精神多，則經濟之精神少，宋明之亡，此物此志也。

按今之作抗戰八股專家論文者其聽諸。以上恕谷（李塨字剛主也）。

初先生自命豪傑，每夜必置酒痛飲，論議今古，旁若無人，醉則歷罵貴顯時流，雜以諧謔，恕谷徐規之曰、君誤矣，吾人當與古賢聖仁人衡長短，乃卑之較論時輩邪。先生大悔。（王源字崑繩別字或庵傳）

以上皆抗戰初期在川所寫，民卅年以後，律務漸冗，茲事遂廢，茲來京口閒居，檢出閱之，亦饒興趣，繼此或亦續寫以自遣也。（卅六、中秋後三日）

十六

前記梁鴻志在獄所作詩，今梁已伏法，而報紙（上海某小報）又記其〈入獄集〉一律，題為〈端陽後一日聞公博凶問〉詩云：「歌呼飲博遂成塵，才地當年辟萬人。逝者可傷行自念，路人猶惜況相親。古來大獄告冤獄，似子求仁竟得仁。功罪無憑恩怨在，故應長夜伴靈均。」平心論之，陳之才氣洵不愧「辟萬人」之稱，而其廉潔在偽府諸人中，尚屬首屈一指，其自白書海上人尚珍視之，大節既墮，亦適足為文人之戒而已。此人在粵軍府時，僅法制委員會一書記，為主者所激賞，力拔之，遂有後來之遭遇，其附汪主改組派時，所作文字殊犀利，廣漢即前記主法制會者，民廿在高考闈中為余言，悔其薦陳之非，至於流涕，知人其難哉。梁在合肥眼中，何嘗非人材，孰意其末年乃如此。烏乎。世人欲殺，吾尚不忘其詩耳。（廿六、九、二）

十七

詩句使人一讀即記憶不忘者，必是佳詩，隨園之於陶篁村，余前記之周棄子，其一例也。（棄子以後探知為鄂人，三十四年時，任軍令部少將祕書，曾抵以書，旋來訪渝中寓廬，英年玉貌，殊不似苦吟人，勝利後未見，不知何往。）偶於傅沉鱗律師處見壁上一書軸云：「勝友相逢結古歡，高吟物外共彈冠。巖居應比長安易，吏隱渾忘蜀道難。排闥晴嵐山萬疊，映窗寒玉竹千竿。何人省識豐城劍，下有雙龍自屈蟠。」甚賞之，署名陳方，詢知為今國府文官處政務局長也，歸寓即琅琅上口，錄以備忘。（卅六、十二、十二在鎮江）

稼按此詩，係成惕軒先生題豐城傅覺梵西山卜居圖舊作。

十八

去冬登金山寺訪葦舫上人，住持太滄留茶，方丈案上有《一士譚薈》一書，偶翻閱之，乃雜記清末民國初元掌故，一士似即北平各報寫通訊稿之記者署名凌霄一士者，其人多識掌故，其通訊余夙愛讀之，是書即其通訊稿之單行本也，假歸細讀，撮記其有趣味者，間亦抒己見於後也。戊子舊曆元旦（即三十七年二月十一日在鎮江）

督撫同城節，引胡思敬《國聞備乘》記，張文襄任粵督時，因潮州府缺與藩司游百川齟齬事而正其時之藩司乃游智開，非游百川，其說甚是，胡記誤也。是時先君正以黔將借補貴陽城守遊擊請纓抗法，廷旨發粵交李瀚章差遣，到粵未久而文襄調粵督以代李，粵藩適為游智開，其人廉而刻，華陽王雪岑丈時在粵聽鼓，入文襄幕中，兼差甚多，即為游智開所劾，革職後開復以進員在粵候補，文襄所汲引也。文襄與游不合，但無逐游情事，清政雖不綱，而典制尚存，清末封疆權雖重，而去一重臣，尚非易事，若在今日，則逐之如逐一蠅耳。（同上）

文襄在鄂時，端方任鄂撫，車文襄甚恭，巡撫職司，事事請示督府，鄂人撰聯譏之曰「端拱無為，遇事全憑老世叔。張皇失措，大權旁落丫姑爺。」蓋端在北京時，即以長輩禮事文襄，故上聯云然。下聯則指張彪事也。張為文襄馬弁，善伺主人意旨，文襄妻以寵婢，人稱為丫姑爺，頗弄權，先公署督中協時，清制總督統督標兵三營，中軍副將稱協鎮，左右軍皆遊擊階級，中軍秩略等於今日省最高軍事長官之副官長，而職務則有似於參謀長也。文襄任張為先君之中軍都司，先君不直其人，恆裁抑之，張恚，恆於文襄前進讒，故以先君之威望，而終不克志閫，僅一權宜昌鎮總兵而已，張後由文襄之拔擢，練新軍任第八鎮統制，且兼湖北提督，真所謂爛羊頭也。梁任公刺文襄詩云：

二千年後劉荊州，攬勝長江最上游。
閫內高文蠹魚矢，帳前飛將爛羊頭。

見《新民叢報》（己丑午節後一日）

十九

李梅菴清末任江寧藩司，革命後託跡黃冠，隱滬上，鬻書自活，喜食蟹，有李百蟹之號，時海上遺老，每星期有文酒之會於閩菜館小有天，人出一元，李極貧，則群為償其應出之資，有嘲以詩云，道道非常道。天天小有天。白喫一元會。（以下忘之）其亡也輓聯多佳者，康南海云，記同松筠菴，××上書，朝市忽移，高節著江南，既遯世，自無悶。那堪春申浦，歲時把酒，蕨薇采盡，書名滿天下，已不朽，復何求。陳散原云，白下一棺還，入夢溪堂，猶泣圍城依木印。黃冠九廟鑒，鬻書海市，難忘殘夜共爐灰。沈寐叟云，灑池墨遍人間，忠義堂鐫，誰傳筆髓。嗟景鐘沈往水，風雲聲動，悲溢瀛波。劉廷琛云，書法世謂集眾長，吾獨善其近吳興華亭而益妙。天意豈終無悔禍，奈何不能忍晦明風雨以須臾。

二十

于式枚侍郎之歿，有輓以聯者云：「相聚東海頭，舉足便為孔巢父；望斷玉峰影，前生儻是顧寧人。」不知何人作，殊遒雋可喜。又陳師傅寶琛挽云：「滿腹史才廿稿臥，一瞑世事斷知聞。」殊沉痛。陳石遺挽云：「摩詰於僧多一髮，少陵垂死入扁舟。」于隱崑山，歿於上海舟中，聯中故及之。（己丑十月十八琳壽後一日）

原書校後記

李飛鵬

前考試院首席參事陳伯稼先生編訂先師《謝鑄陳回憶錄》既竟，因以校印事相屬，余於承命校讀之餘，不僅於謝師之道德文章，嘉言瑰行，益切羹牆之感，且更獲知謝師兩代服官江漢，卓著政聲，而太夫子友鵠先生並以襄河水師統領駐節於荊門縣屬之沙洋鎮（居襄河中游），清光緒二十七年以積勞終於任所。其時先祖正丁艱在籍，於太夫子處，必常有往還。是兩家通好，已肇始於六十年前，不意三十年後，謝師任第一屆高等考試典試委員時，余適謬膺鶚薦，復得忝列門牆，仰沾時雨之化，殆為三生石上所註定者耶，遂舉以告伯稼先生，伯稼先生以余與謝師既有兩世之因緣，今又董謝師遺著之印校，一若冥冥中豫有安排者，非有深厚之宿契，寧能有此巧合，特促為文以紀之。自維鄙陋，遲遲不敢報命，然一念及太夫子遺愛之被於吾鄉，與謝師教澤之施於吾身者，既溥且深，又焉能無一言，以誌其敬仰之忱，乃勉於校竣付印之始，述其崖略而為校後記。謝師在天之靈，其亦頷首而樂許之乎。門生荊門李飛鵬謹記於台北之萍廬，時在中華民國五十年三月中浣。

血歷史205　PC1031

新銳文創
INDEPENDENT & UNIQUE

謝鑄陳回憶錄

原　　著	謝鑄陳
主　　編	蔡登山
責任編輯	孟人玉
圖文排版	蔡忠翰
封面設計	劉肇昇

出版策劃	新銳文創
發 行 人	宋政坤
法律顧問	毛國樑　律師
製作發行	秀威資訊科技股份有限公司 114 台北市內湖區瑞光路76巷65號1樓 電話：+886-2-2796-3638　傳真：+886-2-2796-1377 服務信箱：service@showwe.com.tw http://www.showwe.com.tw
郵政劃撥	19563868　戶名：秀威資訊科技股份有限公司
展售門市	國家書店【松江門市】 104 台北市中山區松江路209號1樓 電話：+886-2-2518-0207　傳真：+886-2-2518-0778
網路訂購	秀威網路書店：https://www.bodbooks.com.tw 國家網路書店：https://www.govbooks.com.tw

出版日期	2021年11月　BOD一版
定　　價	360元

讀者回函卡

Printed in Taiwan

國家圖書館出版品預行編目

謝鑄陳回憶錄/謝鑄陳原著；蔡登山主編. --
一版. -- 臺北市：新銳文創, 2021.11
面； 公分. -- (血歷史；205)
BOD版
ISBN 978-986-5540-82-1(平裝)

1.謝鑄陳 2.回憶錄

783.3886 110018339